新版 コミュニケーション入門論

Communication
Competence

宮原 哲◎著

松柏社

新版
入門コミュニケーション論

はしがき

　初版「入門コミュニケーション論」を出版した1992年頃といえば、携帯電話を持っている人を見かけるのは珍しい時代でした。「携帯」といってもとてもポケットには入りきれない、弁当箱ほどの大きさで、高価だけど電波の状態も良くなかった。それにまだ普及していなかった分、使い勝手が悪いにもかかわらず、電話を携帯していることが一種のステータス・シンボルのようでもありました。

　21世紀になった今、「ケータイ」を持っていない人を見つけるのが難しくなりました。それまで電話としてだけ使ってきたケータイは、いまやメール、インターネットはもちろん、コンビニや駅、空港で財布代わりになり、コインロッカーの鍵の役割さえ果たします。手のひらに納まる小さな機械で株の取引をしたり、飛行機の予約をしたり、そして世界中に電話をかけたりすることができるなんて、どれほどの人が予測していたでしょうか。

　情報の取得、発信の技術が画期的に進歩し、私たちはその恩恵にあやかっています。しかしその反面、目の前の相手とうまく会話ができない、知らない人に話しかけることができない、道を聞かれても答えられない、また、友だちと呼べる関係を始めたり、続けたりすることが不得意という人が増えています。ひきこもり、対人恐怖、「ジコチュー」などといった、対人コミュニケーションがうまく営めないことからくる不安や不満が社会問題として取り沙汰されています。

　「コミュニケーション」ということばは家庭、学校、会社、病院、地域、など人が集まって何らかの関係を築き、一定の目的を果たすべき状況での問題を語る際、必ずといっていいほど耳にします。「コミュニケーションが不十分」、「コミュニケーションがうまくとれていない」など、多くの問題の原因としてコミュニケーションがやり玉に挙げられているといってもいいほどです。

　では、どのような状態になれば「コミュニケーションがうまくできている」と呼べるのでしょうか。どのような能力を「コミュニケーション上手」と言えるの

でしょう。日本人同士の人づき合いの中で、これらの問に対する答はまだ明確にされてはいません。さまざまな人種が対峙し、ときには宗教、哲学、世界観などによって対立や国同士の戦争にまで発展してきた、「言わないと分かってもらえない」西洋文化ではこれまでに多くのコミュニケーション研究が行なわれ、理論が形成されてきました。一方、「言わなくても分かってもらえる」という考え方を前提としてきた日本文化では、科学としてのコミュニケーションの発達が遅れています。

最近になってようやくコミュニケーション学という学問の領域が認知されるようになりました。これはさまざまな社会状況で人づき合い、人間関係に不安や悩みを抱えている人が増えてきたことの表れのひとつだと思われます。

「新版・入門コミュニケーション論」では、西洋のコミュニケーション理論をモデルとしつつも、そこに描かれている概念を日本人同士の人間関係に当てはまるように調整し、満足できる、効果的な対人関係を営むためのコミュニケーション・コンピテンスとはどのようなものか考えることを目的としています。初版を改訂するより、新しい1冊としていくつかの章を加え、説明も詳しいものにしました。各章を、日頃の人間関係で多くの人たちが経験すると思われる「エピソード」で始め、それぞれの章を通して理論の説明、それに具体的なコンピテンスを示すために参照しています。また章の最後には、読者の皆さんの生活に当てはめて人間関係を考えるきっかけとしていただくために、Review Exercise を設けました。

今回の新訂版を執筆するにあたって、松柏社の森信久社長には、何度も「あのう、原稿はまだでしょうか」と、やきもきさせてしまいました。また、編集を担当してくださった森有紀子さんには、原稿が遅くなったにもかかわらず、迅速な編集作業のおかげで出版にこぎつけることができました。この場をお借りして心からお礼申し上げます。ありがとうございました。

本書が、読者の皆さんの日頃の人間関係、対人コミュニケーションの様子を少しでも客観的に映すことができる「鏡」の役割を果たしてくれることを期待しています。

第1部 コミュニケーションの基本的概念

第1章 科学としてのコミュニケーション 1

1 「コミュニケーション」を学ぶことの意味 2

2 なぜコミュニケーション学は日本では発展しなかったのか？ 4

3 今、日本でコミュニケーションを学ぶことの意義 8

4 「理論」を学ぶことの意味 11

5 コミュニケーション論のゴール 18

Review Exercise　25

第2章 人間コミュニケーションの基本的な考え方 26

1 「コミュニケーション」が指すもの 27
  a. コミュニケーション論は人間が対象　28
  b. メッセージはシンボルで構成される　29
  c. コミュニケーションは不可避で、連続的　30
  d. コミュニケーションはコンテキストに影響される　31
  e. メッセージには内容面と関係面がある　32
  f. コミュニケーションを通して「個」ができる　34

2 コミュニケーション・モデル 35

3 コミュニケーション・プロセスの要素 38
  a. コンテキスト　38
  b. 送り手・受け手　40
  c. 記号化・解読　40
  d. メッセージ　41
  e. チャネル　42
  f. ノイズ　43

g. コンピテンス　49

Review Exercise　52

第3章 ことばとコミュニケーション　53

1 ことばとは何か　54

a. 恣意性　54

b. あいまい性　57

c. 抽象性　59

2 ことばのはたらき　60

a. 名前をつける（ラベリング）、認識を整理する　60

b. 感情表出　62

c. 人間関係コントロール　63

d. アイデンティティー、立場を明らかにする　64

e. 情報を記録する　65

f. 今・ここ以外を考える：共感、ゴール設定　66

3 ことばの3つのレベルのコンピテンス　67

a. 単語レベルのコンピテンス：発音、意味　67

b. 文法レベルのコンピテンス　68

c. 人間関係レベルのコンピテンス：人に好かれて自分を通す　70

Review Exercise　74

第4章 ノンバーバル・コミュニケーション　75

1 ノンバーバル・コミュニケーションの特徴　76

a. アナログ・メッセージの特質：無意識的、連続的　76

b. ノンバーバル・コミュニケーションのシンボル性　77

c. ノンバーバル・コミュニケーションと文化の関係　78

d. バーバル・コミュニケーションとの関係　80

2 ノンバーバル・コミュニケーションの種類と機能　81
　a. 周辺言語　82
　b. スペース　82
　c. 時間　83
　d. 接触　83
　e. 動作　84
　f. 視線　85
　g. 人工物　86

3 ノンバーバル・コミュニケーション・コンピテンス　87
　a. 認識力を磨く　87
　b. 自己モニターして試行錯誤する　88
　c. 相手からの反応、評価を求める　89
　d. ノンバーバル・メッセージの意味は相手次第　90
　e. ダブル・メッセージに気づく　90

R e v i e w **E** x e r c i s e　91

第5章　認識コンピテンス　93

1 認識のメカニズム　95
　a. 感知　95
　b. 選択　96
　c. 理解　97
　d. 判断　97

2 認識プロセスの個人的特徴・問題点・対人コミュニケーションへの影響　98
　a. 物理的な要因　99
　b. 選択にともなう要因　100
　c. 意味づけにともなう要因　101
　d. 錯覚　103

3 認識コンピテンスを向上させる：リスニング力アップ　106
　a. リスニングの意味：「聞く」と「聴く」は違う　107
　b. 非効果的なリスニング　108
　c. リスニング力を高める方法　110

Review Exercise　117

第6章 人を動かすコミュニケーション・コンピテンス　118

1 真の説得は自己説得　120
　a. メッセージの内在化　120
　b. 選択の認識　121
　c. 変化のレベル　122

2 動機付けのメカニズム　124
　a. マズローの要求階層理論　124
　b. 動機付けと説得の関係　126

3 説得の理論　127
　a. 認知的一貫性理論群　128
　b. 接種理論　133
　c. 精査可能性理論　134

4 実際に使われる、説得コミュニケーション・スキル　137

Review Exercise　142

第2部
コミュニケーション・コンピテンス

第7章 対人コミュニケーション・コンピテンス　143

1 対人関係欲求　145
　a. 人間関係とマズローの要求階層理論　145

b. シュッツの対人欲求理論　145
■2■ 対人魅力　148
　a. 物理的距離　148
　b. 身体的魅力　149
　c. 類似性　149
　d. 補完性　150
　e. 他者の評価　150
■3■ 人間関係発展のプロセス　151
　a. 人間関係発展のコミュニケーション　151
　b. 人間関係後退のコミュニケーション　155
■4■ 自分の心を開くコミュニケーション・コンピテンス　158
　a. 自己開示と自己理解　158
　b. 自己開示の機能　160
　c. 自己開示のコンピテンス　163

　　　　　　Review Exercise　　　　　168

■第8章■　小集団コミュニケーション・コンピテンス　169
■1■ グループの特徴　170
　a. われわれ意識　171
　b. グループ規範　172
　c. 豊富な情報源　173
　d. 相乗効果　173
　e. 時間と忍耐が必要　174
■2■ 問題解決・意思決定のコミュニケーション・コンピテンス　175
　a. 問題解決思考　175
　b. コンセンサス　181
　c. 「集団浅慮」に陥らずに生産性を上げる　183

3 リーダーシップ 184
　a. リーダーの役割・機能 185
　b. リーダーシップ・スタイル 187

　　　　Review Exercise　　　193

第9章 組織内コミュニケーション・コンピテンス 194

1 組織の特徴 196
　a. 共通の目標 196
　b. 相互依存 197
　c. 役割分担 198
　d. 命令系統 198
　e. 力の上下関係 200

2 上下の対人コミュニケーション・コンピテンス 201
　a. 対人勢力の種類 201
　b. 上下のコミュニケーションの特徴 202

3 プレゼンのコンピテンス 203
　a. プレゼンのノンバーバル・コンピテンス 204
　b. プレゼンのバーバル・コンピテンス 206

4 対立処理のコミュニケーション・コンピテンス 208
　a. 対立の種類 209
　b. 対立の条件 211
　c. 対立の効果 212
　d. 対立処理のコミュニケーション・コンピテンス 214

　　　　Review Exercise　　　218

第10章 異文化間コミュニケーション・コンピテンス 219

1 文化とは何か？ 220
　a. 文化は学習するもの 221

    b. 文化は不文律　221

    c. 文化は行動・思考の枠組み　222

    d. 「異文化」は外国とは限らない　222

2 異文化適応のパターン　223

    a. 多元的適応型　224

    b. 極端な異文化嗜好型　224

    c. 異文化回避型　225

    d. 文化拒絶型　225

3 異文化適応のプロセス：カルチャー・ショックを利用する　226

    a. カルチャー・ショックのプロセス　227

    b. カルチャー・ショックの特徴　228

    c. カルチャー・ショックの対処法　231

    d. カルチャー・ショックの効果　232

4 逆カルチャー・ショック：日本文化、日本的コミュニケーションの特徴　236

    a. 「出るくいは打たれる」的異質馴化型　238

    b. あいまいな言語・非言語コミュニケーション　239

    c. 表と裏の使い分け　240

    d. 自文化中心主義──日本文化特殊論　241

5 異文化間コミュニケーション・コンピテンス　242

    a. 観察力　243

    b. 共感力　243

    c. 判断留保力　243

    d. 柔軟性　244

    e. 忍耐力　244

    f. 対人関係能力　245

    g. 適正な自己理解　245

Review **E**xercise

第1部 コミュニケーションの基本的概念

第1章　科学としてのコミュニケーション

エピソード

　大学生である悟（サトル）と明子（アキコ）は小学校からの幼なじみ。両方とも成績優秀で、課外活動にも熱心で、友人も多い。しかし、人づき合いという点では二人の間に大きな違いがある。

　サトルには多くの友達がいるのだが、意外と人見知りである。初めての人と出会う際、自分の性格判断をしたり、相手との今後の関係についていろいろなことを考えたりして、その結果行動のタイミングを逃し、せっかくの交友関係を思うように進められないことも多い。さらにそのような経験から自分のコミュニケーションのどこが悪いのか、何が足りないのかと考え込んでしまう。

　一方アキコは、あれやこれやと深く考えることもなく、人が気にしそうなことでも、思ったとおりのことをズバズバと言う。それなのに不思議なくらい人からの信望は厚い。「どうしてあなたはそんなに人づき合いがうまいの」と尋ねられても、アキコ自身「さあ、どうしてだろうね」としか答えられない。

　この二人の人間関係、もちろんどちらの方が良い悪いという問題ではない。しかし、対人コミュニケーションをひとつの学問、科学として学ぶ上で、両者の考え方、行動は大事な示唆を与えてくれている。

　本書は、コミュニケーションをひとつの学問の領域としてとらえながらも、実際の生活上役に立つ考え方、行動、スキルを探る実学としてのコミュニケーション論を扱う入門書である。サトルとアキコはどこにでもいそうな人たちだが、両者の間には人づき合い、対人関係のとらえ方に違いがある。サトルは、自分にとって理想的なコミュニケーションは、という問題を論理的、科学的に考えようとするタイプ。考えて行動することは望ましいが、考えすぎて行動が遅れたり、せっかくの理想計画

を実行できずに終わってしまうことも少なくない。アキコは行動力があって、理想的な交友関係を築いているように思えるものの、人づき合いがどうしてうまくいっているのか、客観的に説明することはできない。何かうまくいかなくなった場合、どのようにして問題を解決するか、という能力には不安がある。

　そこで、コミュニケーションを知識・考え方・行動の三層としてとらえ、まずは理論的な基盤を築き、動機を高め、実際の行動を身につけようとするのがコミュニケーション学の基本的、かつ最終的な目標と考えたい。その考え方に基づいて、これまでさまざまな状況で取り上げられはしたものの、意外と正確には理解されていないコミュニケーション論の背景を考え、これまでの理論・概念をわかりやすくまとめ、目に見える行動に結びつけるためのヒントを提供することが本書が目指すことである。

1 「コミュニケーション」を学ぶことの意味

　最近の日本の社会について語るとき、私たちは「コミュニケーション」ということばを頻繁に使う。「家庭内のコミュニケーションがうまくいかない」、「先生と生徒とのコミュニケーションが十分ではない」、「医者と患者の間のコミュニケーションが…」という具合に、問題の原因をコミュニケーションに求めるようになった。多くの問題はコミュニケーションを何とかすれば解決できると期待されるようでもある。しかし、「コミュニケーションが十分、うまい、満足」とはどのような状態を指すのだろうか。さらに、具体的に何をどのようにすればコミュニケーションが上達するのか。

　これらの疑問点に納得いく答を出すことが、コミュニケーション学に期待されている。学問とは、今日学んだことが、明日から役に立つ、というものではないし、また、その程度で実際に役に立つ答が見つかるくらいなら、最初から「…学」など存

在するわけもない。コミュニケーションというと、いかに自分を表現するか、どのようにして自分の気持ちを相手に伝えるか、という「いかに」の部分に強い関心を持つ人が多い。しかし、その「自分」に目覚め、人に分かってもらいたい自分、相手に伝えたい中身を成長させるプロセスもコミュニケーションであると意識している人は意外に少ない。自分、つまりそれぞれの「個」は人から与えられるものではない。人と多くの状況で関わり合い、さまざまな角度からみずからを観察し、そのときどきの相手とのやり取りを通して築き上げていくのが自分である。自らを分かった人が、「自分」を知ることができる。

　ヒトとして生まれてきた私たちを、人間という社会動物へと成長させる大事なプロセスがコミュニケーション。ということは、子どもから青年、大人、老人へと時間の経過とともに、どのような人間へと成長するかということは毎日のコミュニケーションに深く依存している、と言える。自分の生き方に大きく影響を与えるのが、家族、友人、教師、先輩、後輩、会社の上司、同僚、部下、それに、毎日の生活の中で出会うすべての人たちとのコミュニケーションなのである。コミュニケーションを学ぶということは、自分の表現の仕方を磨くだけではなく、表現すべき自分そのものを磨く、ということを意味している。

　コミュニケーションについて学び、自分自身の日頃の人間関係を客観的に観察、分析、批評することは、自分作りに直結している。人と会話をしたり、相談したり、あるいは議論をする過程で自分が出来上がっている。そんな大切なコミュニケーションの本質、仕組み、機能、それに問題点について考えるのは、コミュニケーション学を専攻する人だけではなく、社会で生きようとするすべての人にとって意味がある。では、そんなに大切なコミュニケーションであるにもかかわらず、これまで日本では欧米と比べて体系的な研究や、教育、訓練がそれほど重要視されなかったのはなぜなのか。そして、今になってなぜその大切さが認められるようになったのか。

2 なぜコミュニケーション学は日本では発展しなかったのか？

　現在のコミュニケーション学の起源をひとつの出来事や、一時代に限定することは難しいだけではなく、それほど意味があるとも思えない。さまざまな文化的背景を持つ人たちで作られているアメリカでは２０世紀初頭に最初のスピーチ学会が誕生したのをひとつの出発点と考えることができるだろう。それまで文学や語学の一部として扱われていたスピーチが、多くの大学でひとつの学科として独立した。その後、１９４０年から５０年代にかけて盛んに行なわれたマスコミュニケーション研究や、説得コミュニケーションの実験心理研究を経て現代の社会科学の分野のひとつとしてのコミュニケーション学に至っている。

　しかし、スピーチやコミュニケーションに対する関心は２０世紀になって急に台頭してきたのではなく、西洋文化におけるその源流は古代ギリシャ、ローマの時代にまでさかのぼる。いかにして聴衆に自分の考えを理解させ、納得させるか、あるいは楽しませるか、また相手との議論に打ち勝つかということは人類史上初の民主主義を確立させた古代ギリシャの時代で特に強い関心事だった。プラトン、アリストテレス、古代ローマのキケロ、クィンチリアヌスなどによって「レトリック」の名のもと、人々の生活の中で重要な意味を持つ能力としてさかんに議論、研究されたのである。特に古代ローマ時代のレトリック理論では早くも効果的な説得法のための５つのレトリック規範（構想・構成・修辞・記憶・所作）がすでに体系化されていた。

　これに対して日本文化では「沈黙は金なり」式の考え方が主流をなしてきた。文化人類学者ホールによる高コンテキスト・コミュニケーションと低コンテキスト・コミュニケーションの分類法をあてはめてみると、同化社会である日本文化はヨーロッパ、アメリカなどとくらべると高コンテキストに分類される。日本で行きつけのお店、たとえば焼き鳥屋、すし屋、あるいは行きつけではなくてもメニューが多い居酒屋などに行くと、「お

まかせ」というのがある。行きつけであれば「いつものを５人前と、ビール、ウーロン茶も適当に」など、たいへんあいまいな注文をする。でも、気心知れた店主との関係だから、「変なものは出さないだろう。予算もわかってくれてるはず」という察しと甘えがはたらき、案の定自分の好みのものが、適量に、タイミングよく出される。お勘定のときもこちらの予想の範囲内という、「言わなくても分かってもらえる」、心地いい関係が成立しているのである。

▼図1－1　高コンテキスト、低コンテキスト・コミュニケーション

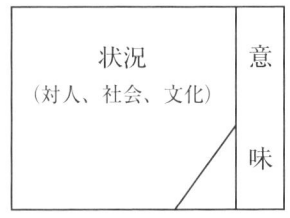 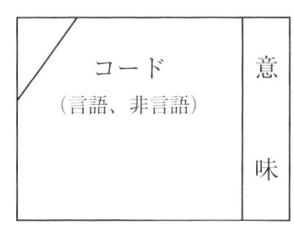

　それと比較すると、アメリカのレストランに５，６人のグループで食事に行くと、テーブルを受け持つウェイターかウェイトレスの「今晩は。みなさんご機嫌いかがですか」という挨拶から始まる。一人ひとりの客といろいろな会話をするのもサービスの一環である。メニューには日本のファミリー・レストランとは違って、食べ物の写真などない。少々暗い照明や、ろうそくの灯りの下で一生懸命メニューに書いてある料理の名前と説明を読んでいると、「今日のスペシャルは…」と説明に来る。客の一人ひとりがそれぞれの料理の特徴を尋ね、説明を聞き、肉の焼き方、添え物の温野菜の種類、サラダ・ドレッシングの種類、コーヒーを出すタイミング、砂糖・クリームは必要かどうか、など、面接試験を受けるような感じで注文をする。料理が運ばれてきて２，３口食べた頃、「味はどうだ、他に欲しいものはないか」と尋ねにくる。勘定も割り勘のときは気心知れた人同士であれば話は早いが、そうではない場合は、メニューを見ながら自分が食べたものの値段に１５％ほどのチップを加え

た金額を出す。「言わないと分かってもらえない」という前提で出発している関係なので、居酒屋で「いつもの」と言って注文する人が、アメリカのレストランにグループで行って食事すると疲れるのである。

　このように高コンテキスト・コミュニケーションでは意志の疎通を行なおうとする者同士が、すでにお互いの考え方、意見、価値観などをある程度理解しあっているために、あるいは少なくともそう思うために、ことばや大げさな身振り手振りに頼らずに、相手の気持ちを「察し」、「行間を読み」、ときには「腹芸」を使ってコミュニケーションを図ろうとする。このような文化では理論、証明、論法などの論理的な部分に重点を置くのではなく、感情、ひらめき、含蓄といった情緒的な手段によってコミュニケーションを行なおうとする。

　細かい部分ではいくらかの違いがあるにせよ、大筋では多くの人が大体似たことを考えているためにいちいち説明しなくてもお互いを理解できると信じている。理解できない人は「察しが悪い」、「気が利かない」、さらには「協調性に欠ける」とか「付き合いにくい」と煙たがられる。異質なものを他と同質化させながら均一性を高めようとするために「出る杭は打たれる」ことになるのである。

　逆に低コンテキスト・コミュニケーションでは、二人以上の人間がまずお互いの間の意見、感覚、価値観などにまず違いがあることを確認して、そこから少しでも共通点、共有点を探り合おうとする。この考え方はいくら親、兄弟、夫婦、恋人、隣人といえども、またいかに長い間付き合ってきた相手でも、みんなそれぞれ違った考えを持っているという前提に根ざしている。低コンテキスト文化では１０人の人間がいれば１０通りの考え方があり、全員がはっきりと意志表示し、主張することが大切である。自分の意見を発表しなかったり、口を開いても「私もあなたと同じ考えだ」という発言ばかりしていると周囲の信頼を失ってしまうことさえある。

　低コンテキスト型コミュニケーションでの説得力を身につけ

るためには課題の選択、資料・情報の収集、論理の展開の仕方、発表の方法などについて、具体的な教育、訓練の方法が確立している。アメリカのほとんどの大学ではパブリック・スピーキング、グループ・プレゼンテーションなどが必修になっている。小学校でも生徒に何でもいいから自分の大事にしているものを学校に持って来て、クラスの前でそれを説明させる、show & tell を取り入れているところが多い。

一方、日本では察し、腹芸に代表されるコミュニケーションにはこれといった効果的な教育の方法があるわけではなく、日常の生活から多くの経験、失敗を通して自然に習得されると考えられている。内に取り込まれようとする者はそこの習慣、言語、行動様式、思考方法にいたるまで次第に馴れ、同化していく。同化するための特別な規則、訓練があるわけではなく周囲を観察し、理屈抜きで呑み込み、真似をすることによって次第に溶け込むのである。私自身アメリカの大学で4年間コミュニケーションを教えた後、日本の大学に来てみると「学生はなぜみんな同じことを考えているのだろう」と不思議で仕方なかった。授業中自分の意見を言うことはもちろん、疑問を感じたことについて教師に質問や挑戦を投げ掛けてくることがない。

もちろん、本当にみんな同じことを考えていてお互いの察し、思いやりがうまく噛み合って調和が保たれているうちは良い。「あうんの呼吸」式の高コンテキスト・コミュニケーションの方が、一から十まではっきりさせなくてはならない低コンテキスト・コミュニケーションにくらべると効率的である。しかし、国際化、情報化社会といわれる現代、「言わなくてもわかってくれるだろう」という甘い考えでは健全な対人関係を築きあげそれを維持していくことが難しくなってきた。日本式コミュニケーションの優れた部分はそのまま残すとしても、客観的、論理的、さらに議論的コミュニケーションの特徴を学ぶことが必要である。

日本人同士でよく見られるあいまいコミュニケーションの特質が、日本でのコミュニケーション学の発展の妨げのひとつと

なってきたようだ。しかし、一から十まで全部話す低コンテキスト・コミュニケーションの方が、お互いの腹を探りあいながら微妙な表現に依存する日本的コミュニケーションより優れている、ということは言えない。そもそも、あいまい型とはっきり型の区別は、日本とアメリカというように国ごとに決められているのではない。同じ日本人同士でも、初対面の人とはどうしても低コンテキストのやり取りになるし、長い間付き合って気心が知れてくれば、お互いの気持ちを汲み取りあう関係になる。

　文化に優劣をつけることはできない。しかし、これまで日本で「そのうちうまくなる」と考えられ、特別な教育、訓練がほどこされなかったコミュニケーションを、他の文化の異質なものと比較、対照させながら、自分たちの日常の人間関係を見る鏡を増やすことには多くの利点がある。いきなり「日本人のコミュニケーションの特徴」を明らかにすることはできない。何か異なるものと比べてみて初めて自分たちの特徴を客観的に体系化することができるはずである。

　私たちひとりひとりにとって、どのようなコミュニケーションが効果的で、満足できる人間関係を営む助けとすることができるのか。そして、どうすればそれらの知識、能力を習得することができるのか。これらの課題を欧米のコミュニケーション論から得られるヒントを利用して探求することは、今後の日本でのコミュニケーション学の発展に寄与するだろう。

3　今、日本でコミュニケーションを学ぶことの意義

　人として生きるためにコミュニケーションが欠かせない、ということは今に始まったことではない。だが、今日これほどまでにその大切さが認められるようになったことの裏にはそれなりの事情がある。２１世紀になった今、私たちを取り巻く「コミュニケーション事情」は大きく変化している。

５０年ほど前の日本は、一家に電話が一台という時代ではなかった。近所で電話がある家の人にあらかじめ「取り次ぎ」、あるいは「呼び出し」をして電話を使わせてもらうように頼んでおく。自分宛の電話がかかってきたら、その家の人が呼びに来てくれて、家まで一緒に走って行き、電話の用を済ませたら、一言二言話をして帰る、というのどかな時代だった。今の学生にそんな話をしたら、「先生、一体何歳？」と呆れられる。今はケータイを持たない人の方が珍しい時代なのだから。
　その携帯電話も８０年代後半に一般の人たちの間で少しずつ普及し始めた頃、「携帯」とはいえ、ポケットに入れて持ち運べるようなものではなかった。小さめの手提げかばんくらいの大きさだった。電波の状態もよくなかったし、大変高価だったので、それほど普及するだろうか、と思っていた。ところが現代、ケータイは電話をするだけの道具ではない。メールの交換、情報の蓄積、写真や動画の撮影、送信、それにインターネットの道具、さらにはコインロッカーの鍵や電車の定期としてまで使えるという、まさに日常生活の必需品とまでなってきた。パソコンもコミュニケーションの常識を大きく変化させた。地球の裏側で起こっていることでも、リアルタイムに知ることができ、自分の考えを世界に発信することもできる。
　ここまで進んだコミュニケーションのハードウェア(技術)の側面の発展を味方にすれば、人間関係のソフト面も豊かになるはずだが、現実はそうでもない。一昔前までは、銀行でお金をおろす際、通帳と印鑑を持って行き、伝票に必要事項を記入し、窓口の銀行員と、「こんにちは」、「いらっしゃいませ」、「これお願いします」、「かしこまりました、少々お待ちください」といった型どおりではあるが、面と向かったやり取りをしていた。それが今はどうだろう。機械を使って、お金の引き出しはもちろん、公共料金の振り込み、通信販売の代金の支払い、さらに借金までできる時代になった。買い物をするときも、商店街の人と商品のことはもちろん、「暑くなったね」、「お母さん元気？」、「学校は楽しい？」、「ボーイフレンドはできた？」など、現代の

コンビニでの、「いらっしゃいませー」、「お弁当のほう、温めなくてよろしかったですか」という機械的、無機質なメッセージが、無表情の店員の口から流れてくるのとは対照的だった。

　コンピューター、通信機器、流通システムなどの発展によって、私たちの生活は確かに便利になった。しかし、その割には、いや、便利になればなるほど、「自己完結型」の人が増え、相手と面と向かったコミュニケーションができない、したくない人が増えた。自分のウェブページを公開し、掲示板で顔の見えない相手とメッセージを交換し、バーチャルな関係に満足する小学生。善が悪を「殺す」コンピューター・ゲームに興じる中学生。ケータイメールで単語や、意味不明の短いメッセージのやり取りだけで、ごく浅い友達づきあいに満足する高校生。大学生や大人になってもバイト先、会社の同僚や上司とは仕事に関する必要最小限のコミュニケーションしかしない、というのも珍しくない。狭い部屋の中で、隣り合わせの机で仕事をしながらも、メールでしか「会話」をしない人がいる。

　日本人のコミュニケーションは、多くを語らなくても、相手の気持ちを察し、思いやりながらお互いを理解する、というのが一般的なパターンだった。ひとつひとつ説明しないとわかってくれない人のことを「察しが悪い」と敬遠していた。細かいところまで言わなくても分かってもらえる関係が理想のコミュニケーションとされてきた。このため、ひとつひとつ具体的、論理的に話をする人のことを、「理屈っぽい」と言ってマイナス評価する傾向が強かった。

　しかし、現代のように、「個」を強調し、それぞれの人が自分の関心や興味を追求する時代になると、価値が多様化し、「言わなくても分かってもらえる」関係がだんだん困難になってきた。言わないと分かってもらえない、あるいは、言っても分かってもらえない。男女の性、年齢、職業、出身地などによって「…らしさ」を押し付けられることを嫌い、「自分らしさ」を求めて生きることは大いに結構なことである。その自分らしさを見つけ、磨き、満足行く方法で表現するためには、人間だけに与え

られたことば、身振り手振り、顔の表情などの非言語を使ったコミュニケーションの本質、機能、問題点、その解決方法などを積極的に学んでおかないと、自分らしい、満足行く人生を送ることは難しい。

　日本ではコミュニケーションは、赤ん坊が幼児へと成長するにつれて寝返りを打ち、立ち上がり、歩き、走る、といった時間の経過とともにできるように「なる」行動と考えられていた。しかし、人との関係を築き、自分をできるだけ多くの鏡を使って観察してこそ可能な「社会化」は本人の意志と、積極的な向上心があって初めて可能に「する」行動なのである。コミュニケーション学は、ヒトとして生まれてきた私たちが人間へと成長する過程を科学的、客観的に明らかにし、問題点を指摘し、改善策を提供してくれる。学校を卒業して、どのような職業に就くにせよ、どんな人と出会ってともに家庭を築こうと、あるいは一生一人で生きていくにせよ、コミュニケーションについての最低限の知識を身につけることは、人間として生活する上で必須といえる。

4 「理論」を学ぶことの意味

　「…論」、「…学」というと、大学で受講する科目についている、難しい呼び名で、日常の生活とは関係が薄い、と考えがちである。確かに友人と食事をしながら、「あなたと私の関係を対人コミュニケーション論の立場から検証してみると」などと話すことはまずない。しかし、私たち人間は頭の中でことばやイメージを使って、過去のことを振り返ったり、将来の計画を立てたり、また、現在おかれている状況を考えるとき、知らず知らずのうちに「理論活動」をしているのである。

　たとえば、これまで親しく付き合っている人と、最近どうしても考え方、好み、行動のパターンなどに食い違いが見られるようになったとしよう。最初は、一時的なこと、あるいは気の

せい、ということにして、「ま、いいか」で片付けるかもしれない。ところが食い違いが継続的になり、その度合いも深刻化すると、それでは済まされなくなる。「どうしてだろう」、「これからどうすればいいんだろうか」と考え込むようになる。そこで、他の友人に相談したり、本を読んだり、インターネットで似たような悩みを持っている人とチャットしたり、いろいろな方法で解決策を模索する。適当な方法をいくつか試みて、うまくいけば元のように、あるいはそれ以上にその人との関係が良くなる。うまくいかないと、さらに「なんでだろう」を繰り返す。

　この一連の思考を問題解決思考パターンと呼び、「問題を認識する→原因を解明する→解決策を模索する→実行する→振り返る」というステップがある。自分のことを客観的な立場から見てみて、今起こっていること（結果）と、そのようなことを引き起こしていること（原因）との因果関係を考え、さらにその関係に影響を与えて結果を操作したり、人とその因果関係について話し合ったりすることができるのは人間だけである。「理論」ということばを使うかどうかは別にして、私たちは子どもの頃から自分の周囲で起こっていることを説明し、意味を与えるために理論活動を行っている。きちんと説明ができないと、私たち人間は不安や不満を募らせるのである。

　このように、理論活動とは学問をする際だけに行うのではなく、私たちの日常生活を意味のある、豊かなものにする、というレベルで、人間の生活とたいへん密着している。そして、私たち一人ひとりが「なんでだろう」と思うことから、その気持ちを人に打ち明けたり、また話し合って答を出し、それを生活にあてはめる、という一連の行動も、「人間コミュニケーション力」の貴重な産物である。

　理論には次のような機能がある。

●描写機能

　過去起こったことや、今起こっていることをわかりやすくことばや図、グラフ、表を使ってモデル化することができる。たとえば、大雨が降っているとしよう。その様子を電話で友人に伝えるのにどんな工夫をするだろう。「すごい雨」だけでも何となくわかってもらえるかもしれない。しかし、どのくらい「すごい雨」なのか。それを明らかにするには、「ラジオで、『この１時間で５０ミリの猛烈な雨が降っていて、電車も止まってる』って言ってたよ」と言えば、「１時間で５０ミリの雨」という数値を示してより分かりやすく描写できる。ほかに「バケツをひっくり返したような」、「前も見えないような」、「傘も役に立たないような」雨、などさまざまな表現がある。また、数字を使えば、より客観的な描写をすることができる。「１時間に５０ミリという雨が降れば、河川の氾濫、道路の冠水、家屋の浸水などの被害が起こる」という「理論」を知っているからこそ可能な描写である。

●説明機能

　では、なぜ１時間に５０ミリもの激しい雨が降るのか。気象学では集中豪雨（結果）とその原因との関係を次のように説明する。「前線が南下し、上空に寒気が流れ込んでくる。そこに、南から湿った空気が入り込み、大気の状態が不安定となって、雨雲が発生し、強い雨を降らせる」。この説明は、これまでに何度も起こった集中豪雨のたびに、気象レーダーや、全国、アジア周辺の観測地点で収集したデータを記録しておき、激しい雨を降らせるのに必要な条件が整う頻度と、実際に集中豪雨が起こった頻度や場所との因果関係を理論化したことによって可能となる。コンピューターや気象衛星など、気象を描写、説明する技術とそれを駆使する人間の能力が進化したために、原因と結果との関係をかなり正確に解明することができるようになっ

た。

　しかし、人間は、自分ひとりの経験からも、周囲で起こっていることの因果関係を説明したり、描写したりしようとする。たとえば、最近少しずつ体重が増えているとしよう。生活ぶりを振り返ってみると、不規則であることに気づく。夜は遅くまで起きていて、朝はほとんど何も食べずに家を飛び出し、昼までにはおなかはぺこぺこ。揚げ物などの脂っこい昼食を短時間でたいらげ、午後は間食をし、夜はお酒を飲み、家に帰ってまた夜食、という食生活。体を動かすこともほとんどない、という日が続くと、体重は増える。こうして、体重の増加という現象を不規則な食生活という行動に原因を求めて、頭の中で説明をする。科学的な根拠があるわけではないが、今起こっていることに対する原因を解明したことによって、一応満足する。

●予測機能

　人間は、「理論」を使いながら、ものごとを描写、説明することができるが、これらはある現象や出来事が起こった後、あるいは起こっている最中やることである。過去に起こったことから何かを学んだら、それを将来に生かそうとするのも人間のユニークな能力である。たとえば、テレビやラジオ、新聞などで、「明日は朝から気持ち良い青空が広がり、行楽日和となるでしょう」というのを「天気予報」と呼ぶからには、ある程度正確に天候、気温、湿度などを教えてもらわないと、名前負けしていることになる。未来のことを正確に占うことは誰にもできないことだから、本当は「天気予想」と呼ぶのが現実に近いと思うのだが…。

　予報と呼ぶか、予想と呼ぶかは別にして、過去起こった現象のデータを記録し、その際の因果関係を明らかにしておくことによって、私たちはある条件（原因）がそろえば、同じような結果が起こるだろう、と予想する。それぞれの条件の程度を知ることによって、結果の規模を予測することもできる。再び天

候の例を使うと、日本の南海上で発生した台風が、日本列島に向けて北上している。気圧、最大風速、進路、スピードを知ることによって、日本のどのあたりにいつごろ上陸、あるいは接近し、どのくらいの時間をかけて通過していくかをおおよそ予測する。雨雲の規模や、台風の進路から、どのあたりで、どのくらいの雨が降り、どの程度の風が吹くのかを予測することもできる。

　このようにして、台風という原因を詳細に検証し、さらに過去同程度の規模、進路で日本に接近、上陸した台風によってもたらされた被害の記録を調べることによって、今回の台風による被害や、地域を予測することもできる。技術の目覚しい発展によって、地球規模の予測が可能となったので、翌日や翌週の天候だけではなく、数ヵ月先の広域の天候の予想もある程度正確さを増してきた。私たちは個人的にも自分の行動と、その結果を予測することができる。不規則な生活で体重が増え、体調もよくない、という人は、今後どのように生活を変化させれば、健康な生活を取り戻すことができるか、ということを頭の中でイメージしたり、計算したりして、自分の将来を予測できる。精神力、また周囲からの誘惑など予測できない要因が複雑に作用しあうので、ダイエットや、運動を実行に移すかどうかはまた別の問題ではある。

●実践機能

　起こったことを描写、説明し、今後起こることを予測するのが理論の機能であるが、理論が私たちの日常生活で最も大いに役立つ理由は、それを使って、自分の行動をコントロールするからである。描写、説明、予測するのは評論家の仕事である。原因と結果の因果関係を予測し、さらに、その結果が起こったときのことをイメージし、未来の自分の姿を想像することによって、ある動機が発生する。

　たとえば、あなたは将来大学教授になりたい、と思っている

としよう。小中高の教員とは違って、大学教授になるためには、一定の進路や資格が定められているわけではないので、求める職業（結果）とそれを得るための条件（原因）の間の関係が明確ではない場合が多い。しかし、実際に教授になっている人について、大学院に行く、修士号・博士号などの学位を取得する、論文を書く、といった共通の行動をリスト、描写することができる。大学教員になっている人たちのほとんど全員にこれらの共通点があてはまるとすれば、それが大学の先生になるために必要な条件であることを説明することができる。大学教授になることによって得られる満足感や生活を予測し、どうしても自分もなりたい、と思えば、今の生活をコントロールし、大学教員になるために必要な行動を実践に移す。

　これまでに明確にされた理論を実践に移すことによって得られる利点は計り知れない。どんなことに気をつければ風邪を引かないか、引いてもすぐ治るか、などの健康管理、収入に対して、どの程度の生活をすれば赤字になったり、破産したりしないかという財政計画、将来の目的に対してどんな勉強、就職活動をすれば到達することができるかという進路計画、そして、好きな人と親密な関係を築き、維持するために適切だと思われるコミュニケーション行動など、私たちは日常的に、そしてあまり意識することなく「理論活動」をしている。物事の因果関係を明らかにし、未来起こりそうなことを予測し、望ましい結果を迎えるための一連の思考、行動、反省などはすべて人間にだけ与えられた能力で、これらは私たちが人と、あるいは自分自身とことば、イメージなどの非言語を使ったコミュニケーション活動の貴重な産物なのである。

● 問題提起機能

　理論の最後の機能は、「自己反射機能」とも呼べる問題提起、あるいは「発見」機能である。いくら私たち人間には多くの優れた思考・行動能力が備わっているといっても、すべてのこと

についてすべてを明らかにすることはできない。のどや頭が痛くなり、熱を出し、咳や鼻水が出る、「風邪」と呼ばれる病気はごく一般的な疾患で、これまでに風邪を引いたことはない、という人はいないはずである。それだけ一般的なのに、風邪を引き起こすウィルスの特性、感染経路、治癒や予防の方法がすべて解明（理論化）されているわけではない。明らかな答えが出ていないことに対して「なんでだろう」、「こうだろうか」、「いや、そうではないだろう」と議論したり、あるいは自問自答したりしながら少しでも事実を明らかにしたい、と考えるのも人間ならではの行動である。

　理論というと、それが対象としている事柄を完璧に、余すところなく描写し、結果を正確に予測できる、ゆるぎない説明体系、という印象を与えがちである。しかし、どの理論も研究者が何度も実験、調査を重ね、失敗を繰り返しながら一般化し、体系化したものではあるが、「とりあえずの説明」、つまり何かを解明する上でのたたき台程度に考えたほうが良い場合が多い。特に、人間関係、コミュニケーションでは、説明の対象が人間であり、性、年齢、時代、文化などさまざまな点で時々刻々と変化を重ねているわけだから、一度明らかにしたら、未来永劫修正する必要がないような理論など求めるほうが無理である。

　そこで理論の問題提起、発見的機能に注目する必要がある。理論を構築するプロセスで、何か新しいことに気がついたり、人が提唱する理論を自分自身の生活に当てはめてみて、どうしても解明できないことがあることに気がついたりと、理論は新しい事実や疑問点を発見することを促してくれる。「男らしいたくましさを磨き、それをアピールすることが彼女を作るためには絶対に欠かせない、というのがオレの理論」というのを聞いて、「そうだ」と思う人もいれば、「いや、ボクはやさしさをアピールすることが大切で、効果的だと思う」と反論する人もいるだろう。

　だれかによって提唱された理論に対して、あーでもない、こうでもない、と議論を重ねることによって、私たちは多くの事

実を解明してきた。ひとつの理論が出されてこれまでわからなかったことが明らかにされる一方、さらに新しい疑問が沸き起こり、その疑問に対してまた新しい研究が行なわれ別の理論が誕生する、というプロセスを繰り返しながら、人間はここまで文明や産業、それに人の生き方つまり哲学を発展させてきた。絶え間ない、「なんでだろう」という気持ちを奮起、持続させてくれる、理論の大切な機能のおかげである。

　「理論」ということばには、堅苦しい、いかめしいイメージがある。人の気持ちに対する思いやり、やさしさを犠牲にしてまで理論を振りかざし、議論に勝とうとする人は嫌われる。特に「和を尊ぶ」ことを伝統的に大切にする日本文化では、そのような人を「冷血人間」、「理論家」、「理屈っぽい人」と呼んで高く評価しない傾向が強い。しかし、私たちは、「シンボル活動」であるコミュニケーションをする限り、常に周囲で起こることに対して答えを見つけ、自分自身を発展させようとする社会動物なのである。理論を作ったり、考えたりすることそのものがコミュニケーション活動である。コミュニケーション論とは、そのコミュニケーション活動を利用して、私たち自身のコミュニケーションの実態を明らかにしようとする学問である。

5　コミュニケーション論のゴール

　コミュニケーション論を学ぶことにはさまざまな目的、理由がある。概念、理論に関する知識を豊かにし、コミュニケーション論はもとより、心理学、社会学、教育学、経営学、政治学などの他の分野での知識を増やすことにつなげることもできる。また、保育師、教師、経営者、看護師、医師、そして親として、友人として実際に役に立つコミュニケーション能力の習得を目指す、という人もいる。コミュニケーション学は実学という前提に立って考えると、知識を身につけるだけが目的ではない。それを実行に移すことができなければ、「コミュニケーション論

についてたくさんのことを知ってはいるけど、買い物に行っても、初めての人と会っても、就職の面接を受けても、何もうまくいかない」ということにもなる。

　本書は人との関係で、「自分の目的を達成しつつ、相手との関係を維持、発展させるのに有益な『コミュニケーション・コンピテンス』の習得」を軸として進めていく。欧米で生まれ、発展してきたこともひとつの理由だが、コミュニケーション論で使われる理論、概念には、多くのカタカナが使われる。今後の日本での研究によって、その事情は変化するかもしれないが、看板であるコミュニケーションそのものがカタカナである。コンピテンス（competence）もそうである。辞書には「能力」という訳語が見られるが、「コミュニケーション能力」というと、「大きな声で、はっきりと、相手の目を見ながら、身振り手振りを使って、言いたいことを伝える」といった、末端の、表面的な、技術的なパフォーマンスの側面を指すように思われる。確かに、コミュニケーションの最終的な、目に見える部分も大切なのだが、そこにいたるまでのプロセスに含まれる能力、力量、度量、適性、資質、そして日常の「生き方」までをも含んだことばがコンピテンスである。したがって、本書では、適切な日本語を見つけることができないのはもどかしいが、そのまま「コミュニケーション・コンピテンス」という表現を使うことにする。

　コミュニケーション・コンピテンスの意味、要素、実践方法を理解することによって、私たちが現代社会で、あふれる情報を受け止め、それを充分に活用し、適切な情報を発信する能力を身につけることができるはずである。それだけではなく、社会活動の最も基本的な状況である対人コミュニケーションにおいて、効果的、かつ適切なコミュニケーション行動によって豊かな、有意義な人間関係を築きあげることができるだろう。本書で展開するコミュニケーション・コンピテンスは次の種類に分けることができる。

1. 認識コンピテンス

　特定の相手と心地よい人間関係を築き、それを維持、発展させるには、その相手のことはもとより、自分と相手を取り巻く状況、相手から発せられるメッセージ、その他、メディアから流れてくる情報など、さまざまな刺激を敏感にとらえ、整理、理解、解釈、分析、判断する能力が必要である。たとえば、人と食事をするにしても、わいわい、がやがやしている居酒屋での会話と、タキシードやドレスを着て、落ち着いた雰囲気の中でナイフとフォークを使って静かに料理を楽しむようなレストランでの会話では、おのずと話の内容、しゃべり方、また顔つきまでもが違う。これは、状況を察知して、適切なコミュニケーションの仕方をするからである。レストランで「イッキ、イッキ」と騒ぎながらお酒を飲んでいると、周囲から白い目で見られるし、また、居酒屋でナイフとフォークの音しか聞こえないと逆にしらけてしまう。

　このほか、特に日本人同士では、細かいところまでひとつひとつ言われなくても、相手の気持ちを察したり、気を利かせて相手が望んでいると思われることをしてあげたり、「相手を思いやる」認識コンピテンスが求められる。高級なレストランに誘われた友人も、「今日は、いつもの居酒屋で一杯、というのとは違って、この人は何か私に特別なメッセージを伝えようとしているのかも」という雰囲気を察知するコンピテンスを持っていると会話も進む。

　適切なメッセージを発し、相手との関係を自分が望む方向に運ぶことも大事なコンピテンスであることには間違いないが、自分に向けて発せられる微妙なメッセージをいち早く、そして適切に認識すること、つまり聴くことも重要な能力なのである。

2. 自己コンピテンス

　コミュニケーションは自分をうまく表現するための道具だが、表現する中身を作ることが先決である。中身とは、人から聞いたことを受け売り状態で次の人に回していれば責任が果たせる、

というものではない。どんなメッセージにも、その人にしか伝えることができない、自分らしさがないと人間関係はうまく築けない。

そこで、自分を知っておくことが必要となる。ことばでは簡単だが、自分を知るのは難しい。どこまで知れば「これで十分」なのか、ゴールもはっきりしないし、「自分」は少しずつ、常に変化している。年を重ね、社会での責任も増え、それなりの役割、肩書きを与えられると周囲の期待も大きくなる。また、相手によって表現する「自分」は少しずつ異なる。誰からも好かれようと、極端に自分を変えようとすると、八方美人、表裏がある、と敬遠される。

自分の特徴、生き方は、本を読み、インターネットで調べても明らかにはできない。人との付き合いを通して、さまざまな角度から見てみて、時間をかけてようやく少しずつ「自らを分かる」のが「自分」である。ここで挙げている五種類のコンピテンスは便宜上種類分けをしているが、それぞれ独立して達成できるものではない。それぞれのコンピテンスはお互い依存している。

3. 役割コンピテンス

私たち一人ひとりはさまざまな役を演じている。ためしに「私は○○である」の○○に入れることばを考えてみると、いくつも思いつく。男・女、学生、子、妹・姉・兄・弟、先輩・後輩、上司・部下、などの立場や、もの静か、おしゃべり、せっかち、のんびり屋、などの性格、さらには趣味、嗜好、あるいは思想を表したり、音楽が好き、中華料理を作るのが得意など、特技を示したりすることばを入れることもできる。また、支持する政党、信じている宗教などに触れると、深い部分の自己を振り返っていることになる。

このように、多くの役割、肩書き、あるいは顔を持っている私たちだが、そのときどきの状況、相手、果たそうとしている目的などによって、どの役割を演じるのか、的確に判断して、

適切な行動をするのが役割コンピテンスである。たとえば私自身、大学教員としての言動、父親としての行動、夫として、友人として、また、親の前では子としての態度など、状況によってうまく行動をコントロールできないと困ったことになる。授業中、「相手と意見の食い違いがあった場合には、以下のようなコミュニケーション行動をうまく選択、組み合わせて…」と言うのは一向に構わなくても、夫婦喧嘩の最中、こんなことを言ったらどうなるかは火を見るより明らかである。

ただし、役割は一方的に相手に押し付けるのではない。相手にも状況によって演じるべき役割がある。認識コンピテンスを発揮し、お互いの役割を尊重しながら、双方向のコミュニケーションをすることが求められる。「大学教授」という肩書きをふりかざしても、学生がいないことにはその役割を演じることはできない。親子、教師と生徒、医師と患者、上司と部下、店員と客、などすべての関係で、相手あってこその自分、という関係が成り立っている。コミュニケーションを通してそれぞれの人間の役割が決まり、その役割に適した行動を相手と交渉し、的確に判断することが役割コンピテンスである。

4．ゴール・コンピテンス

コミュニケーションは何らかの目的を達成するための手段である。その「何か」を見定め、達成のための現実的な計画を立て、実行する能力がゴール・コンピテンスである。初めて会った相手とどのような関係を築こうとしているのか、自分のことをどのように思ってもらいたいか、相手のどのようなことを知りたいのか、などが比較的近い未来のゴール。また、自分はどのような友人を持ちたいのか、どんな生活が理想なのか、人生を振り返るときになってどんな生き方をしていたら満足できるか、など遠い未来のゴールもある。

何をどうしたいのかという指針がある程度はっきりしなくては、ただ単に時間と、与えられた「生」を消化するだけの人生になってしまう。それではつまらない。夢や理想を持ち、それ

から達成可能な目的を明確にし、具体的な目標、ゴールを設定する。さらに、どのような行動が求められているのか考え、実行に移すだけのやる気を備えていることもゴール・コンピテンスである。「マニフェスト」ということばが選挙で登場するようになった。それぞれの政党が政治を行なう上で、実現可能、そして達成したかどうかが判断できる明確な評価基準を数値、期限などを使って明らかにしたものである。確かに、「日本の明るい将来に向けて…」といった雲をつかむような話に比べると具体性はあるかもしれないが、逆に遠い将来の理想、ビジョンがなく目前のことばかり並べても信憑性は薄い。

　対人関係では、まずマニフェストとビジョンを明らかにして、などと張り切ると、顔も口もこわばり、何も言えなくなってしまう。しかし、自分は相手に何を伝えたいのか、分かってもらいたいのか、というゴールくらい持って臨まなければ、コミュニケーションは時間つぶしのための道具でしかなくなってしまう。現実的、具体的、そして同時に柔軟なゴール設定をすることがコミュニケーション・コンピテンスの向上に役に立つ。

5. メッセージ・コンピテンス

　対人関係で言語、非言語のメッセージを適切、かつ正確に選択、形成し、同時に相手から送られてくるメッセージを理解、解釈、判断するのがメッセージ・コンピテンスである。「コミュニケーションが上手」というと、おそらくこの能力が真っ先に頭に浮かぶ。しかし、これまでに挙げた認識、自己、役割、ゴールのそれぞれのコンピテンスと連動していてこそ、人間関係、そして生きていくための自分の「哲学力」を発展できる。

　日本語であれ、外国語であれ、発音、文法、意味などに関する文法という決まりがある。ここで言う文法とは、主語と動詞をどのように並べるかという統語だけではなく、ことばの使い方全般に関する、特定の言語圏での決まりを指している。これらの決まりは、それぞれの言語を使う人たちの間で暗黙のうちに了解されているので、文法学者でもない限り、体系的に説明、

議論できる必要はない。しかし、相手に理解してもらいたいことを自分だけの決まりで構成した言語メッセージを発しても、コミュニケーションは成り立たない。高校生が、盛衰が激しい若者ことばを使って老人に話をしても、中身の半分、あるいはそれ以上理解してもらえない。相手、状況、話の内容に合った言語メッセージを使うことが求められる。

　相手に理解してもらえるメッセージを組み立てて発するといえば、言語だけではない。身振り手振り、顔の表情、口調、視線、姿勢、服装などありとあらゆるものが非言語メッセージとして使われる。ことばの場合、それがある程度はっきり定められている。辞書を引けば、ひとつひとつの単語に大方の人が込める「意味」を知ることができる。それに比べると、非言語の場合、メッセージと意味との関係がはっきりしない場合が多い。たとえば、微笑みは誰にとっても「喜び、幸福」を表すメッセージとして考えていいだろうか？日本人は自分が失敗をしたり、不幸なことが起こったときに微笑むことがある。この照れ笑い、苦笑いと呼ばれる非言語メッセージは他の文化では意味をなさないどころか、「自分が失敗しておいて、何がおかしいんだ」と不審に思われることさえある。

　言語、非言語のメッセージ・コンピテンスは、状況、相手、自分との役割関係、ゴールなどを注意深く認識し、相手に自分のことをどのようにとらえてもらいたいのかといった、これまで考えてきたすべてのコンピテンスの集大成と考えることができる。

　本書はコミュニケーション論をひとつの学問としてとらえ、読者の方に概念を理解し、実際のコンピテンスを身につけていただくことを目的としている。幅広い知識を通して多くの状況で使える洞察力を養い、効果的で適切なコミュニケーション行動をとれる能力を習得することが最終的な目標である。そこで、各章の終わりにまとめとして "Review Exercise" を設けてコミュニケーションのさまざまな概念を実際の行動にあてはめて考

える「課題」を設けた。ご自分の人間関係をより多くの、そして客観的な視点から観察していただき、自己モニターして真のコミュニケーションの達人になっていただきたい。コミュニケーションは自然にうまくなるのではなく、個人個人がそれぞれの選択を通して、自発的に発展させるものである。

Review Exercise

1. あなたの「コミュニケーション理論」を考えてみてください。人間関係での自分のどのような言動がどんな結果をもたらしているか、客観的に考えてみましょう。たとえば、これまで何気なく使ってきたことばが相手の気持ちにどんな影響を与えてきたのか。その結果相手との人間関係がどのように変化したのか、これまであらためて考えたことのない、人間関係での「原因」と「結果」について一定の法則、関係を見出すことができるでしょうか。

2. この章で掲げたコミュニケーション・コンピテンスの分類に基づいて、現在の「コンピテンス度」を考えてみてください。どの領域でのコンピテンスに満足しているか。どのようなコンピテンスが不足しているか。それらのコンピテンスの過不足の原因となっているのはどのようなことか。家庭環境、性格、自己認識、将来の人生計画など、さまざまなことがあなたの今のコンピテンスの度合いに影響を与えているはずです。そして、今後どのようなコンピテンスを身につけたいか、伸ばしたいか、希望、目標を考えてみてください。

第2章　人間コミュニケーションの基本的な考え方

エピソード

　朝目が覚めて、携帯電話のディスプレイを見ると、メール着信を示すマークが点灯している。最近付き合い始めた人からで、「急で悪いけど、今晩会いたいんだけど…」という、ちょっと気になる内容。その相手は異性の友人というか、恋人になりかけの相手というか、今微妙な関係である。これまで勉強のこと、将来のこと、それに悩みなどについて率直に、包み隠さず話ができる心地よい関係ができてきたと思っている。その人から、何か深刻な悩みか、あるいは予期しないようなことを打ち明けられそうな、不安な、でもちょっとドキドキした気持ちにさせられる。

　学校に行っても、今晩一体何の用で会いたいと言ってるんだろう、何か困ったことでもあったのだろうか、とあれこれ考えるので、授業に集中できない。別の友人との話も気もそぞろといったところ。そしていよいよ待ち合わせの場所でその人と出会い、コーヒーを飲みながら「ねえ、用って何？」と切り出してみる。すると、相手の口からは思いもよらないことが…。

　思いもよらないことって、と気になるところだが、エピソードの続きは自由に想像してもらいたい。それより、人間にとってコミュニケーションとは何なのか、ということについて考えてみたい。恋人、あるいはそれに近い関係の異性の友人からメールを受け取り、相手と会う前からいろいろなことを頭の中で考える。その人との出会いから、これまでに起こったこと、これからのこと、今相手が何を考えているのだろう、など限りなく想像する。その結果今晩会ったときどんな話になるのか、不安や期待が目まぐるしく展開される。これは、頭の中で目の前にあるもの、人、できごと以外のことを考える能力を人間が持っているからである。人間と動物とを区別する最大の能力が、シンボルを駆使できるということである。

　ことば、身振り手振り、顔の表情などの非言語の道具を使っ

て、人間関係を始めたり、維持したり、されに発展させたり、また自分と自分との「会話」を通して自分がどんな人間なのかという大きな疑問点に答を出そうとする。これらすべてが人間だけに与えられたユニークな「シンボル力」によるものである。携帯電話やパソコンなどの情報技術のめざましい発展によって、少し前までは信じられなかったスピードと精度で多くの情報をやり取りできるようになった。しかし、その陰で面と向かった相手とのコミュニケーションが得意ではない、好きではないという人も増えている。人間の本質に関わるコミュニケーション行動について今改めて考え、理解しておくことが、自分自身の人間関係を豊かにする上で大きな鍵を握っている。

1 「コミュニケーション」が指すもの

　コミュニケーションということばが指すものは幅広い。エピソードの中の「今晩会いたいんだけど…」というメッセージそのものだったり、メールが来たという「できごと」、また出会いの機会や場であったり、電話、パソコンなどの道具、媒介、技術であったり、と千差万別である。どれも正しい。しかし、どれも対人関係を豊かにし、自分の生き方に役に立つコミュニケーションを正確に、余すところなくとらえてはいない。
　日本では以心伝心型の「言わなくても分かってもらえる」つきあい方を好んできたために、コミュニケーションということば、その意味を、それほど重要視してこなかった。私たちはコミュニケーション論を学び、一人ひとりがより豊かな、満足できる対人関係を目指し、自分の生き方を求めようとしている。大切な役割を果たすコミュニケーション・コンピテンスについて考えるには「コミュニケーション」が持つ意味を明確にすることから始めたい。
　古代ギリシャの時代から、現代の研究の最先端で使われている定義の中で最も的確なものをひとつだけ選びだすことは、不

可能なだけではなく、意味がない。それぞれの研究者は広い分野の中で、限定した領域の研究を行なっているので、今日のコミュニケーション学会で大多数の同意が得られる定義があるわけでもない。

　コミュニケーション・コンピテンスは、人間同士が言語・非言語のシンボルからなるメッセージを交換しながら、一人ひとりがそれぞれの目的を達成し、同時に相手も満足する対人関係を築き、維持していくための知識、動機、能力、資質などを指す。人間はコミュニケーションを通して意味を伝達、共有、また新たに創造し、相互理解、説得、交渉、などの影響をし合う。コミュニケーション・コンピテンスの習得、発展を目的とする本書では、コミュニケーションを「人間がシンボル(言語・非言語)で作ったメッセージを交換し合い、お互いを影響し合う過程」と定義する。広い範囲の人間関係にあてはまるよう、あえて抽象的に定義したので、多くの説明が必要である。

a. コミュニケーション論は人間が対象

　犬や猫がお互いをけん制したり、求愛行動をするところを見ることがある。最近の研究ではチンパンジーやゴリラも相当なコミュニケーション能力を備えていることがわかってきた。また、イルカ、クジラにはかなりの距離を隔てていても仲間同士で正確に「情報」を伝え合っていることも明らかになってきた。さらに、渡り鳥やペットで飼うオウムや九官鳥などの鳥類、また蜂や蟻などの昆虫も何らかの方法でコミュニケーションしている。コミュニケーション行為は人間だけに限られてはいない。

　しかし人間のコミュニケーションは、動物と比べて単に進化、複雑化、高度化しているだけではない。言語、身振り手振りはもちろん、姿勢、服装から部屋のレイアウト、看板、街の作り方まで、回りのどんなものでも非言語メッセージとして使い、お互いを理解したり、影響を与え合ったり、問題を解決したりする過程を人間コミュニケーションの研究対象としている。

　コミュニケーションの過程に登場する人間の数によってその

特色は異なる。相手がいなくても、私たちは頭の中で会話をする。エピソードで、携帯メールをもらってメッセージを認識し、解釈して評価する過程を個人内コミュニケーションと呼ぶ。実際に友人と会って一対一で話をすると対人コミュニケーションである。3人から15人程度で話し合いをする、小集団コミュニケーション、聴衆を前にスピーチ、講演を行なう公的コミュニケーション、上下関係があって、命令系統が確立された企業などの組織の中で行なわれる組織内コミュニケーション、個人、組織が不特定多数の相手に対してメッセージを発するマス・コミュニケーションと、規模によって分類できる。また、言語、習慣、宗教、倫理、世界観、価値観などの文化的背景が異なると、それぞれの状況に異文化間コミュニケーションの要素が加わる。

b. メッセージはシンボルで構成される

　人間のコミュニケーションはシンボル活動である。シンボル（象徴）は他のものを代表する記号で、シンボルそのものが意味を備えているのではなく、それを使う人間が恣意的に意味をあてはめ、交換、共有するために用いる道具である。シンボルとそれが指すものとの間には必然的な関係がない。たとえば、「つくえ(机)」は、木、または金属の天板に脚がついていて、その上で作業をする家具を指すことば、シンボルである。「つくえ」というシンボルと、家具そのものとの間には必然的な関係はない。しかし、日本語でコミュニケーションする際、「つくえ」ということばを使う人は、頭の中におよそそのような家具のことを思い浮かべている。また、携帯メッセージの中の「…」は小さな黒い点が三つ並んでいるだけであるが、文章を書く際それなりのあいまいな気持ちを表現できる。

　動物はコミュニケーションの際、シンボルは使わない。調教した犬、特に盲導犬や介護犬などのように、特別な目的のために人間の役に立つ動物は、自分の頭で考え、ときには人間と感情さえも共有しているかのように見える。確かに、情が移り、

飼い主との長年の信頼関係によって、「あうんの呼吸」で犬が行動してくれることもあるだろう。しかし、人間と動物のコミュニケーションの決定的な違いは、人間がシンボルを使って、意味を創造することができることにある。今までになかった考え方や産業技術を発展させ、優れた道具を作り出し、文明を発展できるのも、人間がシンボルを使えることと大いに関係がある。指すものとの間に恣意的、あいまいな関係しかないシンボルだが、そのような「人間的」関係がある分、シンボルは人間を人間として生かすのに欠かせない道具なのである。

　このことからも、コミュニケーションは単に自分の考えを相手に伝えるための道具、という表面的な次元を超えて、ヒトという動物が人間として生きていく上で必要なシンボル活動ということが理解できる。シンボルが、現在存在するものにラベルを貼り、それを人に伝えるためだけの道具、ということになると、人間の生活は動物と同じレベルになってしまう。人間のコミュニケーションはシンボル活動である、という重要な点は、コミュニケーション論を学ぶ際、一貫して念頭においておきたい。

c. コミュニケーションは不可避で、連続的

　自分の気持ちや考えを相手に伝えるには、ことばに加えて、ジェスチャー、口調、顔の表情などさまざまな非言語シンボルを使う。ことばで自分を表現する場合、使う単語や並べ方(文法)を自由に選んだり、工夫したりすることができる。また、寝言やうわごとは別にして、ことばは意図的に発しなければ出てこない。ことばはかなりの程度自分で使い方をコントロールできる。指すものとの間に恣意的な関係しかなく、コントロールすることが容易なので、言語はデジタル・メッセージと呼ばれる。

　これに対して、非言語はアナログ・メッセージである場合が多い。指を使ったり、口調を変えたりして言語メッセージを修飾しようとする場合は操作も比較的簡単である。うれしい気持

ちが顔に表れたり、がっかりしたときに肩が下がり、背中が丸まったり、また、退屈なときにつまらなさそうな顔をしたりなど、すべてが非言語メッセージとして、見ている人、聞いている人に何らかの意味を伝える。

このように考えると、コミュニケーションを完全にやめてしまうのは不可能である。嫌いな人から電話がかかってきても出ない、メールが来ても返事をしないことによって、コミュニケーションを絶っている、と考えられるが、相手からのメッセージを無視すること自体、ひとつのメッセージを送っている。どのようなメッセージも、あるいはメッセージが欠けている状態も、相手がそれに意味を見出せばコミュニケーションは起こっているのである。

レストランに入ろうとしたら、たまたまそこの店員が、客の姿が見えないところで大きなあくびをしたり、片足に体重をかけて腕組みをして立っているのを見かけたら、「この店やめようか」という気持ちになる。メッセージの送り手が意図するかどうかにかかわらず、コミュニケーションがない状態を作ることは難しい。

d. コミュニケーションはコンテキストに影響される

自分、相手、出会い、物理的な場、時間などの条件がそろわなければ、コミュニケーションはできない。二人以上の人間がいて、直接、あるいは電話、パソコンなどのメディアを通して間接的に出会わなければコミュニケーションはできない。となると、コミュニケーションの状況もメッセージのやり取りに重大な影響を与える。同じメッセージでも状況が異なれば、全然違った意味を喚起する。

たとえば、教授が学生Aに、「今度、研究室にいらっしゃい」と言ったとしよう。Aは先週締め切りだった宿題を出していない。それ以外にも、最近バイトやサークルが忙しく、勉強に身が入らないので、テストの成績も良くないし、それに授業中も上の空である。このような「背景」があると、先生の研究室に

来るようにというメッセージを聞くと、Aはずっしりと来る重みと、有無を言わせない圧迫感を感じる。できることならその教授の研究室には行きたくない。

次に、教授はこのメッセージを学生Bに伝えたとする。Bはこの教授の科目にたいへん興味を持ち、授業中は最前列に座り、積極的に質問もする。宿題は真っ先に提出し、成績も良い。これらのことを「背景」に発せられたこのメッセージに対して、Bは「先生は私がこの科目に興味を持っていることを覚えてくれている。そして、研究室で何か特別な参考資料か何かをくれるのかもしれない」と期待する。今すぐにでも研究室に行きたい、という気持ちになる。

このように、メッセージの内容(コンテント)は同じなのに、受け手がそれから読み取る「意味」は随分違う。これは状況(コンテキスト)が影響しているから、である。Con (共に)という接頭辞と、text (織る)ということばが一緒になってできていることば、context。縦糸と、横糸が相互に依存し合いながら、一枚の布ができるように、ひとつのメッセージも、コンテキストに含まれるさまざまな要因が作用して、受け手が創造、付加する意味に影響を与える。特に、「場」を大切にする日本人同士では、「雰囲気を敏感に感じる」とか、「その場の状況を適切に判断する」などの認識コンピテンスが備わっていないと、送り手が意図したこととはかけ離れた解釈をしてしまうこともある。

e. メッセージには内容面と関係面がある

教授がAとB、二人の学生に「同じ」メッセージを送った。果たしてそうだろうか。文字にすれば「今度、研究室にいらっしゃい」だから、ことばの面では同じと言える。しかし、宿題はしないけど遅刻はする、授業中も上の空の学生Aに対してと、まじめで熱心な学生Bに向けたメッセージ、どこかが違う。まず、非言語の面で、教授から二人の学生へのメッセージには違いがある。教授はAの目をまっすぐに見つめ、怖い顔をしながら、低い、しかし強い口調で「研究室にいらっしゃい」と言う。

一方、Bにはにこやかな表情で、優しい、明るい、そして少し高めの声で誘いかけるように言う。

これら二つのメッセージは、内容面では同じでも、「関係面」でかなり異なっている。Aに対しては、「学生が多くのことが学べるよう、私にはこの授業に関するすべての責任と権限がある。他の学生の勉学に悪影響を与えるような行為は許さない。研究室で個人的に話をするので来るように」という関係面での意味を込めている。Bに対しては、「教授として、あなたのような学生が私の授業を受けてくれることはたいへん嬉しい。もっと多くのことを学び、将来は大学院でもっと専門的な勉強をして、研究職に就くという進路を考えてみないか。研究室で個人的な指導についても話をしたいので、都合をつけてみては」という教授と学生の関係を意図するメッセージを送っている。

このように、文字にした場合の内容面ではほとんど同じメッセージも、非言語面の変化が関係面を大きく左右する。どんなメッセージにも内容面と関係面がある。たとえ、メールで文字を中心としたメッセージを送るにしても、「顔文字」や、句読点を組み合わせて、「言いにくいことを書いているけど、心の中ではあなたのことを思っている」とか、「ことばではわからないかも知れないけど、私は今すごく不安な気持ち、だから助けて」など、相手との関係をどう見ているのか、またどのようにしたいのか、といった「関係メッセージ」を発している。

メッセージを送ったり、受け取ったりする際、内容面と関係面とを厳密に分けたり、両者の境界線を明確にすることはできない。しかし、言語、非言語シンボルをいろいろな方法で組み合わせ、片方を強調したり、あるいは意図的に矛盾させたりして、微妙な心理、繊細な気持ちを表すことができる。非言語メッセージの方が、言語と比べると私たちの心理状態を素直に表し、また顔の表情、視線、口調、姿勢、などレパートリーが広い。内容面の意味を左右するくらい、関係面の影響は大きい。コミュニケーションを修飾するコミュニケーション、ということで、「メタ・コミュニケーション」と呼ばれる。学生Aに対す

る教授の怖い顔、強い口調などは、「今度、研究室にいらっしゃい」という内容面を修飾する、メタ・コミュニケーションである。

f. コミュニケーションを通して「個」ができる

　送り手が受け手に一方的にメッセージを送りつけるのがコミュニケーションではない。最初に送られてきたメッセージを受け手は認知、理解、解釈、評価して、反応する。次に送り手としてメッセージを送り、最初の送り手が受け手の立場に回る。このように、メッセージは送り手と受け手との間を循環する。

　しかし、当然のことながら、同じメッセージがぐるぐると円を回るわけではない。二人の性格、過去の経験、相手との人間関係に求めるもの、自分の都合、などさまざまな要素が加わりながら、メッセージは変化を続ける。同時に、メッセージをやり取りする人たちは、そのたびに相手や、自分自身に対する考え方、少々大げさに言えば、世界観、人生観、価値観なども影響を受ける。

　「コミュニケーションは自分を伝える道具」というと、それぞれの人の「自己」、「個」は、不変で、固定されていて、少々のことでは変化しないということになる。しかし、これはきわめて表面的な考え方で、コミュニケーションの本質を逸脱している。短いメッセージのやり取りでも、そこにいる人間は常に変化している。相手とのコミュニケーションを通して自分を見つめなおしたり、新しい自分に気づいたり、いやな自分を改めようとしたりする。

　自分にも相手にも、比較的安定した核の部分はあるが、それ以外の、意見、興味、関心などは、コミュニケーションを通していくらでも変わる。少しずつ変化する自分を表現し、相手からも表現され、自分に対する気づきを高め、自己を形成するのがコミュニケーション・プロセスである。

　自分自身の存在をどのようにとらえるかという、自己観、それとコミュニケーションとの関係については多くの研究が行な

われている。周囲の人間や、所属する組織とは別に、まず自分自身という人間がいて、その自分が他者と出会い、説得、交渉、議論など、さまざまなコミュニケーションを通して関わり、自分自身の人生の目標を達成しようとする、という「独立的自己観」が強い人がいる。

　一方、自己は周囲の人たちとの関わり合いによって決まると考える人もいる。相手によって自己表現はもちろん、伝えたい内容、さらに深い部分にある、自分自身の評価や、自己認識までも変化する。したがって、自分が誰なのか、どのような人間で、どんなことを目標として生きているのか、といったことまで相手との関わりの中で「決まったり」、変わったりすると考える傾向が強い「相互依存的自己観」を持った人もいる。

　独立的自己観は、個人主義の考え方が強い欧米文化で、相互依存的自己観は、集団主義の傾向が強いアジア、特に日本で一般的と考えられている。しかし、これは個人の自己観なので、文化や国家の枠組みだけで明確に分けられる特徴ではない。どちらが優れているかという問題でもない。自己とコミュニケーションとの関わりは、文化によって、また個人によって本質的に異なるのかもしれない、という大きな疑問については、今後も研究を重ねていく必要がある。いずれにしても、「個」とコミュニケーションとは複雑で、繊細な関係にある。

2　コミュニケーション・モデル

　ファッションモデル、モデルハウスのようにアイデア、概念、構想、企画などを、文字、画像、あるいは実物に近いものを使って表したものをモデルという。コミュニケーションのプロセスにどのような要素が含まれ、お互いがどのように関わり合い、影響を与え合うかを調べるためにモデルを使う。モデルを使うと対人コミュニケーションの本質、構造、機能などを理解することができる。さらに、モデルを自分自身の日常の対人関係に

当てはめてみて、コンピテンス習得、発展の助けとすることもできるはずである。

　図2−1はAとBのふたりがコミュニケーションしている状況を図で示したものである。このモデルは対人コミュニケーションとは二人の人間が、それぞれの考え、感情などを記号化過程（encoding）で言語・非言語メッセージに変換し、チャネル（媒介）を使って相手に伝え、メッセージを受け取った方は記号解読過程（decoding）で意味を読み取り、それに対する次のメッセージを相手に送るところを示している。さらにコミュニケーション過程ではいたるところにノイズがあることも分かる。また、状況（context）にもさまざまな要素があって、メッセージの内容（content）に影響を与えている。このように状況によって異なる、多くの予測できない要素が複雑に影響しあう中で、A、B両者にコミュニケーション・コンピテンスが備わっていれば、メッセージを正確に効果的、効率的に交換、共有し、満足できる人間関係が築けることが予想される。

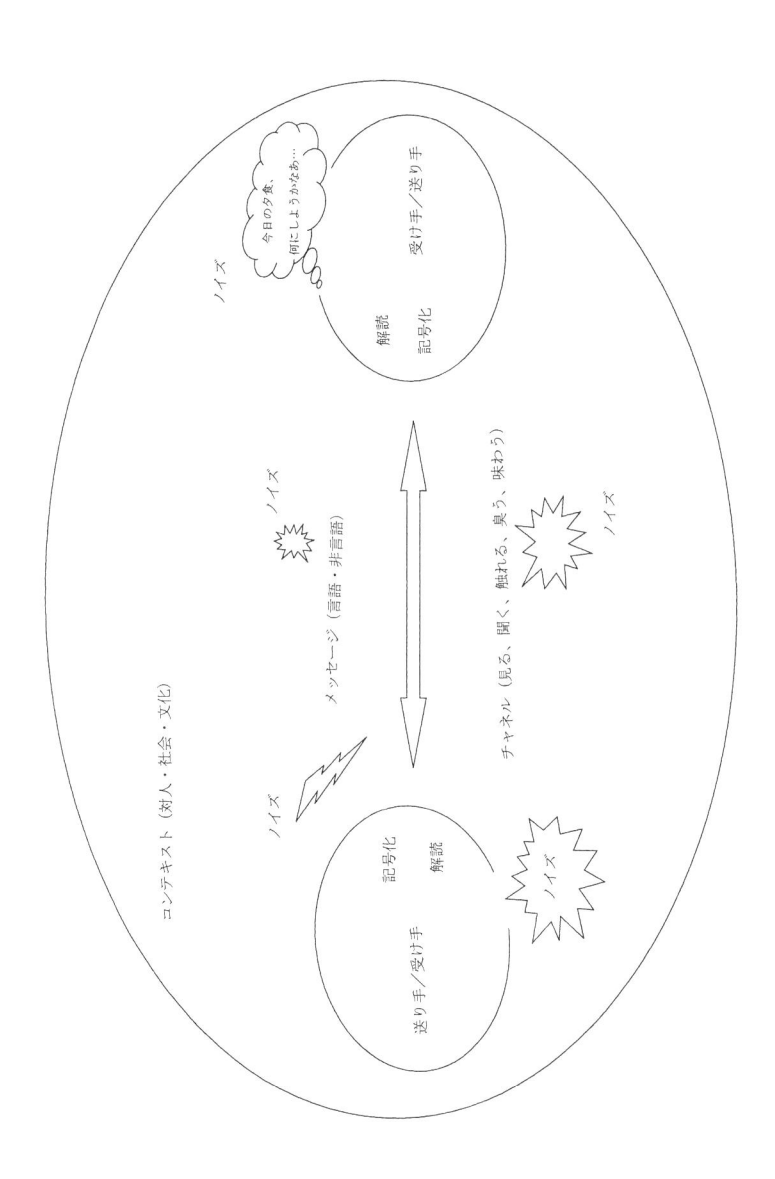

▼図2-1　コミュニケーション・モデル

3 コミュニケーション・プロセスの要素

　豊かな人間関係に向けてコンピテンスの概要を学ぶには、対人コミュニケーションの過程を構成する要素を理解し、相互にどのように影響しあっているかを知ることが大切である。

a. コンテキスト
　二人の人間の間のコミュニケーションについて考えるとき、それがどのような状況（コンテキスト）で行なわれているのかをまず見てみる必要がある。交換されるメッセージの内容（コンテント）や、メッセージの影響、効果はコンテキストのさまざまな特徴と切り離して考えることはできない。対人コミュニケーションのコンテキストはいくつかのレベルに分けると考えやすい。

（1）対人コンテキスト
　二人の間で、これまでにどのような関係が築かれているのか。知り合ってどのくらい経過しているのか。どんな内容の会話をしてきたか。お互いについてどのようなことを知っているのか、あるいは知らないのか。二人の間でどのような「取り決め」があるのか。お互いを何と呼び合っているのか。どちらがよくしゃべるか。

　友だち同士で、コミュニケーションのルールを決めるようなことは普通しないが、付き合いの中で暗黙のうちに決められた、そして守られてきた決まり、あるいは型がある場合が多い。同じ話をするにしても、相手が友だちである場合と、先生である場合とでは、コミュニケーションのパターンは異なる。これは、相手が違うことによって、自分との間の対人コンテキストが変化しているからである。

（2）社会コンテキスト
　相手が同じであっても、場所、時間、目的などによってコミュニケーションの内容、方法も変化する。たとえば、会社の同僚同士で話をする場合、オフィスで二つ並んだ席に座っ

ているとき、エレベーターの中、会議、飲み会、あるいは、休暇中に家族も伴ってキャンプに行ったときでは、それぞれ話す内容、声の大きさ・調子、顔の表情など、どれをとっても異なる。

　周囲にだれがいるのか、スペースは、時間はどれだけ与えられているのか、そして、コミュニケーションの目的が何なのかを適切に読み取り（認識コンピテンス）、自分が置かれている立場を察知し（役割コンピテンス）、メッセージの内容、伝達の方法を考え（メッセージ・コンピテンス）、目的を達成するために適切な行動をする（ゴール・コンピテンス）。こうして、自分と相手とが置かれている社会的状況を適切に判断してそれに見合ったコミュニケーション行動を取ることによって、自分を成長させることができる（自己コンピテンス）。

（3）**文化コンテキスト**

　コンテキストの中で最も大きな枠組みが、文化的背景である。コミュニケーションに影響を与える日本の文化の顕著な特徴の一つが、上下関係を大切にする、ということである。以前ほどではないにしても、相手が目上である場合、話す内容、敬語や立ち居振る舞いを変化させて敬意を表す、という日本文化の不文律がある。初対面の人には頭を下げるという非言語メッセージと「よろしくお願いします」という言語メッセージを発するのが文化的常識として受け継がれている。

　日頃、私たちは自分の文化的背景や、当たり前だと考えていることを意識しない。しかし、それらが破られたとき、あるいは自分でそれに反する行為をしてしまったとき、常識の存在を痛感する。たとえば、欧米では普通に行われる、初対面の人とでも軽く抱き合う（ハグ）という習慣をそのまま日本に持ち込むと、面食らう日本人は少なくないだろう。ただし、「日本人」と言っても、若者、老人、女性、男性、都会に住む人、田舎に住む人、さらに製造業とサービス業などのように職業によっても「文化」は異なる。伝統的な日本文化で育ってきた年配の人が初対面の若い人からいきなり抱きつか

れたら驚くだろうけど、若い人同士ではハグという欧米のあいさつは珍しくなくなってきた。

　どのようなコミュニケーションの状況にもそれぞれの人の文化的背景が持ち込まれる。相手と人間関係を築き、満足できる関係を続けるためには自分たちを取り囲む状況から発せられている「コンテキスト・メッセージ」を敏感に受け止めて、適切に対処することが自分のコンピテンスを伸ばすことに直接つながっている。

b. 送り手・受け手

　図2−1のコミュニケーション・モデルは、左側の「送り手／受け手」から、右の「受け手／送り手」にメッセージが送られている様子を表している。送り手と受け手という名前はあくまでも便宜上のもので、固定された役割ではない。また、このモデルの中の「今度食事しよう」という言語メッセージと、にこやかな表情・楽しそうな声という非言語メッセージは左側の人から発せられてものであるが、この二人は初対面ではない。この前のやり取りがあったはずである。同じ日なのか、前日なのか、あるいは数週間前なのか、同じような場所だったのかなどわからないが、このメッセージにたどり着く経緯があったことには間違いない。

　連続性のあるコミュニケーション・プロセスの一瞬を切り取ってモデルにしているわけだから、この前後の「送り手・受け手」とモデルの中の二人は微妙ではあるが、違う人物と考える必要がある。したがって、送り手・受け手という名称は、固定された、静止したような印象を与えるが、これらはモデルを作るために便宜上つけられたものである。

c. 記号化・解読

　送り手・受け手が情報、感情、意見などを交換、共有するには、双方に共通の言語・非言語メッセージを使う必要がある。共通の記号、信号をシンボルと呼ぶ。シンボルの特徴について

は第三章で考えるとして、ここでは、シンボルを選んだり、作ったりする作業である「記号化」と受け取った記号から意味を読み取る「解読」について考えてみよう。

このモデルの中で、左側の「送り手／受け手」はにこにこした顔で、相手の目を見ながら、楽しそうな口調で「今度食事しよう」というメッセージを、右側の「受け手／送り手」に送っている。左側の人は右側の人に対して好感を持っている。この二人が異性同士だとすると、デートに誘う場面と見ることができる。異性に対する淡い恋愛感情はどのようなことば、行動を通しても余すところなく伝えることができない、何とももどかしいものである。頭の中にあるものはもやもやとして、形をもたないことば以前のものなので、これを工夫して伝える努力をする。記号化の努力の結果選んだのがこれらの言語・非言語メッセージである。

メッセージを受けた側は、これまでの相手との関係、交わした会話の内容などを考え合わせて送られてくるメッセージから「この人はデートに誘っているんだ」という意図を読み取る。これが記号解読過程である。送られる記号、つまり「今度食事に行こう」という言語メッセージ、さらに「にこやかな顔」、「まっすぐに自分を見ている目」、「楽しそうな声」など、それぞれの記号そのものには意味が固定されているわけではないので、これまでの経験、文化的常識などと照らし合わせて最も適当と思われる意味を付加する。送られてくる記号に意味づけを行なうのが解読過程である。

d. メッセージ

メッセージは相手に伝えたい考え、感情、意見などを言語、非言語のシンボルで表したものである。ことば、声の大きさ、高さ、速さ、顔の表情、視線、姿勢、手の動き、服装、また文字で表す場合であれば字体、大きさ、紙の質などすべてが相互に影響を与えながら一つのメッセージを構成する。ことばは人間にだけ与えられたコミュニケーションの道具であることは間

違いないのだが、対人コミュニケーションでは非言語メッセージが占める割合の方が断然高い。

　ことばの中身（コンテント）以外はすべて非言語メッセージとして分類される。声の大きさ、高さ、口調、しゃべる速さなどの周辺言語から、顔の表情、視線、姿勢、身振り手振りなど身体の部位の意識的な変化、髪型、服装、アクセサリー、化粧など、身体の一部、あるいは服飾品、さらには、座って話すか、立って話すかという相手とのポジションの関係、距離、一日の時間帯、など、すべてを非言語メッセージとして駆使する。非言語メッセージが占める割合の方が言語よりも高いことは容易に理解できる。その分、メッセージを受ける側には、言語の中身より、非言語の特徴の方が目立ちやすい。もし、送り手が受け手の顔ではなく、どこか違うところを見ながら、手をポケットに突っ込んだまま、あまり気持ちがこもっていないような話し方で、「好きだよ」と言ったら、聞いた方は、「え、何」と聞き返し、「何よその態度」と言いたくなる。言語と非言語との間にずれがあると、受け手は非言語の方に重点を置いて解読する。「目は口ほどにものを言う」ことを認識しておくことも、メッセージ・コンピテンスの一部である。

e. チャネル

　メッセージは一人歩きしない。何らかの媒介を通して伝えられる。人間の五感がメッセージを運んだり、受け取ったりする際の媒介としての機能を果たす。お互いの顔を見つめながら（視覚）、声を使って（聴覚）、手や肩を触ったり（触覚）、またオーデコロン、香水などの匂い（嗅覚）を使ったりしてメッセージを交換する。また、いくら好きな相手でも自分を直接食べさせるわけにはいかないが、おいしいものを作って食べてもらう（味覚）ことによって、気持ちを伝えることもできる。

　また、電話、ファクス、コンピューターなどのメディアもチャネルである。ハイテク時代の今日のコミュニケーションで、これらのチャネルはなくてはならないものとなった。目の前に

相手がいる場合と、携帯電話やインターネットのチャットで「会話」をする場合とでは、チャネルの特徴がコミュニケーション全体に与える影響を強く感じることができるはずである。

f. ノイズ

　コミュニケーション過程には送り手、受け手、それぞれの記号化過程、記号解読過程、メッセージ、チャネル以外の要素に加えてこれらの構成要素にさまざまな影響を与えるノイズという要因がある。

（1）物理的ノイズ

　「ノイズ」は元来雑音、騒音である。先の例で考えると、デートとしての食事に誘うのに、工事現場の近くや頭の上を飛行機が通過するようなところは、静かなそしてロマンチックな会話には適さない。第一、メッセージの受け手は、送り手からの声を十分に聞き取ることができない。デートの誘いを受け入れてもらえるかどうか以前の問題である。

　音だけではなく、部屋の広さ、明るさ、温度、湿度、壁の色などコミュニケーション・コンテキストの物理的な特徴すべてがノイズとなって、メッセージのやり取りに影響を与える。図2－2のように、社員食堂や学食で、一つのテーブルに10人程度座って食事をする場所を想像してみよう。昼休みの時間、少し早めに食堂に行ってみると、いつものように混雑していない。図のテーブルにはひとりだけ先客が1番の席で食事をしていて、その人は見知らない相手である。

▼図2-2　あなただったらどこに座る？

①　　②　　③　　④　　⑤

⑥　　⑦　　⑧　　⑨　　⑩

　この状況で、あなたはどの席を選ぶだろうか。多くの人が１０番、あるいは５番の席を選ぶ。では、これらの席につくことによって、１番の席に座っている人にはどのような非言語メッセージを送ることになるのだろうか。１０番の席は１番からできるだけ遠く離れたところで、「私とあなたはまったくの他人。でも、横目で顔をちらちら見ている間に会話が始まるかも…」というような意味を１番の人は読み取るかもしれない。これが５番となると、「あなたも、私もここでは食事をするだけ。お互い顔を見たり、声をかけたりして干渉することはやめよう」というようなメッセージが伝わる。
　ためしに２番に座ってみるとどうなるだろう。そのテーブルのほかのすべての席は空いていて、食堂全体ががらがらの状態で、顔も見たことがない人にぴったりと寄り添って座られた１番の人はたいへん不快、不安な気持ちになる。「不適切な距離」が物理的ノイズとなって、受け手に影響を与える。大げさな例かもしれないが、相手との関係を大切にしたい気持ちがあれば、コミュニケーション・コンテキストの物理的な側面にも注意を払い、できる範囲でコントロールする努力が必要である。

(2) 心理ノイズ

　物理的ノイズが外的要因によって引き起こされるのに対して、心理ノイズは人間の内面からくる。多くの人を前にしてスピーチをしなければならない場合や、面接試験などで緊張したり、あがったりすると、準備してきたスピーチの内容を忘れてしまったり、自己アピールができないままに面接が終わってしまったといったことはだれにも経験がある。コミュニケーションに際して緊張、期待、不安などをメッセージの送り手、聞き手が感じた場合に起こりうるのが心理ノイズである。

　相手に好かれたい、いい印象を持ってもらいたい、という気持ちが強すぎて、力んでメッセージを送ろうとすると、頭の中が混乱して言いたいことがうまく言えない、ということもある。モデルの二人も、それぞれ「断られたらどうしよう」、「食事に行くのはいいけど、おごってくれるのかな。今あまりお金ないから、割り勘なんてことになったら困る。この人、ケチじゃなさそうだけど…」と送られてくるメッセージ以外のこと、あまり先のことを考えると相手とのコミュニケーションに集中できなくなって、大事なことを見逃したり、聞き逃したりするかもしれない。

　人間には目の前のもの以外のことも考える能力がある。仕事の途中でその日の昼食のことを考えたり、夜のデートのことを楽しみににやにやしたり、あるいは授業中何を考えるでもなくぼんやりと妄想にふけることがある。頭の中でことばやイメージを使って個人内コミュニケーションを行なうのである。しかし、メッセージやその送り手に集中しないで他のことを考えていると、それが心理ノイズとなってコミュニケーションに影響を与える。

(3) 社会ノイズ

　送り手と受け手との間に隔たりがあると、社会ノイズが作用する。たとえば、人間は性、年令、職業、地位などの社会的立場によって常識、世界観、価値観などが異なる。ひとりの人間

にとって基本的、常識的な考え方、行動のパターンが別の人間にとっては非常に奇異で、受けいれられないことがある。男性にとってはごく一般的なジョークが、女性にとっては卑猥で、不快なメッセージとして受け取られることがある。セクシュアル・ハラスメントは、コミュニケーションの社会ノイズの一例として考えることもできる。

　また、親と子、教師と生徒、上司と部下、医師と患者のように、力の差がある組み合わせでは、どうしても弱い立場にある方がコミュニケーションの状況で緊張し、心理ノイズを抱える場合が多い。強い立場にある方が、そのことを自分の立場をさらに有利にしよう、という思惑で利用すると、社会ノイズから発生する心理ノイズを増長させることにもつながる。このような状況では、自分の立場を一歩離れたところから見ること、つまり役割コンピテンス、認識コンピテンスがものを言う。

（4）シンボル・ノイズ
　メッセージ交換の道具であることばや、非言語そのものがノイズとなることもある。シンボルであることば、非言語そのものに意味が備わっているわけではないので、使う人によって、また同じ人でも使い方によって、さらには状況によって同じことばや身振り手振りが異なった意味でとられることもある。シンボルのユニークな特徴によってノイズが生じる。

●音声ノイズ
　そのひとつの例が音声ノイズである。ことばを覚え始めたばかりの幼児は、ひとつひとつの発音が正しくできない。それに慣れている親であれば少々の発音のずれがあっても子どもが何を言おうとしているのか理解できるが、初めての人は繰り返し聞いても何を言っているのかわからない。

　同じ日本語でも方言によって、発音、抑揚が異なることがある。「ハシ」ということばを同じように発音しても、関東の人にとっては「箸」であるものが、関西の人には「橋」に聞こえる、

というのも音声ノイズの影響である。

　外国語となると音声ノイズが倍増する。多くの日本人にとって発音が難しい英語の音に、/th/, /f/, /v/, /l/, /r/などがある。アメリカのアイスクリーム店で「バニラアイスクリーム」を注文するのに、"vanilla" と言いたいのだが、最初の/v/ の発音をしっかりしないと誤解されやすい。/b/ の音と混同すると「バナナアイスクリーム」がでてきてしまう。さらに日本語では「バニラ」のどの音節を強調するのかはっきりしないが、英語では/ni/ の音にアクセントを置かないと理解してもらえない。

　どのことばを強く、弱く発音するかで相手が受け取る意味が変わったり、全然理解してもらえなかったりする。日本人旅行者が駅でニューヨークからワシントン, D.C.までの切符を買おうとする。ワシントンまでを強調するために、"Can I have a ticket TO Washington?" の to をていねいにしっかりと発音する。係は2枚の切符を手渡そうとする。旅行者はあわてて「まで」、「〜行き」にあたる別の前置詞を考えて今度は "No, no, FOR Washington" と言う。駅員は4枚の切符を用意する。途方に暮れた旅行者は「えーと、ワシントンなんだけどなあ」とつぶやく。すると今度は8枚の切符が出てくる。発音の仕方、つまり周辺言語の部分で生じるノイズが音声ノイズである。

●文法ノイズ
　文法はことばのつなぎ方、並べ方、変化の仕方などを定めた決まりである。勝手に自分の文法を作って自由にことばをならべても相手に理解してもらえない。日本語の助詞など良い例である。「は」と「が」の違いは微妙だが、使い方を間違えるとかなり大きな影響を与える。ラジオ番組に出ている友人に、「あなた、声はいいね」と言っても、あまり喜ばれない。

　人と話をする際、どんな順番で自分が言いたいことを並べるのか、というのもある意味で文法と呼べる。親に学校であったこと、たとえばクラブ活動で選手に選ばれたことと、英語の試験があまりよくなかったことを伝えなくてはいけない場合、ど

ちらを先に言うかで印象は大きく異なる。子ども、生徒、部下を相手に、「ほめる・叱る」の両面を持つメッセージを伝える際、どちらが先で、どちらで終わるのか、という「文法」をしっかり考えて話さないと、相手との関係に自分が意図しない影響を与えてしまう。

　文法を正しく使うには、コンテキスト（状況、文脈）を的確に読み取り（認識コンピテンス）、適切なメッセージを組み立てる知識と能力（メッセージ・コンピテンス）が欠かせない。

●意味ノイズ
　「意味」は言語、非言語メッセージではなく、それを使う人の頭の中にある。どんなに注意深くメッセージを選んで送っても、送り手が意図した意味と、受け手が解読した意味との間には「ずれ」が生じる。これが意味ノイズで、コミュニケーション過程に影響を与える。一つひとつのことばをどんな意味で使うかということは文化、所属する組織、個人によって異なる。二人の人間の文化的背景が違う場合、意味ノイズの程度は計り知れない。

　初のアメリカ留学中、ルームメイトの家に招かれたときのことである。朝食の準備中、家族から"How would you like your eggs?"と聞かれた。そのメッセージ、音声ノイズ、文法ノイズの影響も受けずに理解することができた。しかし、何を聞かれているのかが分からない。何と答えていいものか見当がつかなかった。頭の中にあるはずの、そのメッセージに対する適切な意味を探したが見つけられない。ふと、それと似たようなことが尋ねられる状況を思い出した。それはレストランでステーキを注文したときに尋ねられる"How would you like your steak?"であった。そこで得意な顔で"Medium, please."と答えたら家中の人が大笑い。卵の固さではなく、目玉焼き、スクランブル・エッグ、オムレツなど卵をどのようにして食べたいのかと尋ねたのだった。

　このようにメッセージが使われている状況を把握して最も適

当な意味を考えないとコミュニケーションは成り立たない。言語、非言語が、それ自身に意味のないシンボルである以上、どんなに努力しても、メッセージの送り手が意図することを、完璧、完全に、余すところなく、正確に受け手に伝えることはできない。意味ノイズを完全に抑える、という不可能なことを努力する代わりに、それを少しでも抑えて、意図することをできるだけ正確に相手に伝えるには、それぞれのコンピテンスをバランスよく向上させる必要がある。

g. コンピテンス

　本書では、聞き慣れないことば、「コミュニケーション・コンピテンス」を取り上げ、説明してきた。どのような状況でも、送り手・受け手、記号化・解読、メッセージ、などの要素が複雑に作用しあいながら、対人コミュニケーションの結果に影響を与える。ノイズを正確、適切に認知、コントロールし、目的に合った効果的なメッセージを選び、組み合わせ、さらに最も適したチャネルで相手に伝えるのに大きな影響を与えるのがコンピテンスである。本書全体を通じてコンピテンスの意味、重要性、そしていかに自らのコンピテンスを磨き、向上させるかを中心テーマに進めていく。

１．コミュニケーション・コンピテンスは程度の問題

　免許や資格の場合、持っているか、いないか、つまりゼロか１００、あるいは○か×の問題だが、コミュニケーション・コンピテンスはそうではない。ヒトとして生まれ、家族、友人などとの関係を通じてコンピテンスを伸ばす。自己、認識、ゴール、メッセージ、役割コンピテンスに分類したが、それぞれの領域での程度の高さが問題である。また、この分類も便宜上のもので、それぞれが完全に独立していて、排他的、というものでもない。二つ以上の領域にまたがる知識や能力も少なくない。それぞれのコンピテンスをバランスよく備えていることが豊かな対人関係につながるし、このように分類することによって、

自分自身の今のコミュニケーションがどの程度なのか、自己モニターに役立てることができる。

2．コミュニケーション・コンピテンスはそのうち上手に「なる」のではなく、人との関わり合いの中で育む

　日本文化ではコミュニケーションは、いろいろな経験を積んで、社会でもまれるうちにそのうちうまくなるもの、つまり、自分から努力しても変えられるものではない、という考え方が一般的であった。欧米では、自分のことはもちろん、周囲の環境まで自らがコントロールし、変化させる「なす・する」（doing）的な発想が普通であるのに対して、日本では自然、社会の環境に自分を合わせ、なるようになる、という「なる」（being）の考え方でものごとを見る場合が多い。四季の変化を人間が自由にコントロールすることはできなくても、ひとりひとりのコミュニケーション、人間関係は自分の意志で展開したいものである。ただし、コミュニケーション・コンピテンスはひとりでもがいても向上できない。さまざまな状況で、人との関わり合いの中で磨いてこそ効果が期待できる。

3．コミュニケーション・コンピテンスは人間性の一部

　コミュニケーションを技術、道具ととらえると、接する相手や状況によって使い分けたり、あるいは、だれが使っても同じ結果が得られたり、ということになる。衣服を着替えるように、「今日は、少し積極的に話しかけてみよう」とか、「あの人と話すときには、話の順番を入れ替えよう」など、表面的な部分では変化させられるかもしれない。しかし、コミュニケーション・コンピテンスは、それぞれの個人が、生活環境、文化的背景、性格、などさまざまな条件が交じり合う中で、その人にしかない人間性の一部として育むものである。コミュニケーションは、自分でない自分を演じるための道具ではない。自分にしかない考え方を、自分に合った方法で展開し、表現し、相手に影響を与え、同時にその相手から返ってくるメッセージによっ

てさらに影響を受ける。コミュニケーション・コンピテンスはそれぞれの人の生き方と切っても切り離せない、生き方そのものなのである。

Review Exercise

1．親しい人（家族、友人、ボーイフレンド、ガールフレンドなど）との最近のやり取りで、伝えたいことがうまく伝わらずに不安や不満を感じた状況を思い起してみましょう。なぜうまくいかなかったのか、その原因をコミュニケーション・モデル、特にノイズの概念を使って考えてください。さらに、その状況で何をどのようにすれば違った結果が得られていたのか、分析してみましょう。

2．1の状況で、コミュニケーションとコンテキストがどのような関係にあって、お互いをどう影響していたか考えてみてください。その相手との間には、どんな「対人コンテキスト」があるのか。たとえば、「この人との間では、○○はもう言わなくても分かっているはず」というようなことがあるか。あるとすればそれがコミュニケーションにどう影響しているか。また、「社会コンテキスト」の特徴は。つまり、その人と会って話をするのはどういう状況が多く、その状況ではどのようなコミュニケーションが一般的か。さらに、「文化コンテキスト」の特徴はどうか。ことばの使い方、人間関係に対する考え方、価値観の特徴など、お互いの文化（国、宗教、性、年齢、などによって形成される）の相違がコミュニケーションにどのように影響しているかふり返ってみてください。

第3章　ことばとコミュニケーション

エピソード

夏の暑い日の昼食時、一人の客がレストランに入ってくる。
「いらっしゃいませ。お客様、お一人様で…」
店員の元気な声が聞こえる。それに対して、客は何も言わずにほんの少しうなずく。
「ご案内します。こちらへどうぞ。ご注文の方、おきまりでしたら、お伺いしますが…」
「ランチ」
「ランチで…。コーヒーか紅茶の方、いつお持ちしましょうか。」
「コーヒー、今」
今、と答えたのに、なかなか運ばれてこないので、「コーヒー一杯、何してるんだ」と客はいらいらする。ようやく出てきたのはホット・コーヒー。
「え、アイス・コーヒーじゃないの」
「あ、はい、ランチのコーヒーはホットになります。」
これに対して、憮然とした表情はするが、何も言わない客。しばらくして、ランチを運んできた店員は、
「こちら、ランチになります。ご注文の方、おそろいでしょうか。」
さらにしばらくして、店員が
「コーヒーの方お代わり、よろしかったでしょうか。」
客は何も言わずに食事を続ける。

この状況での客と店員とのやりとりを、ことばの使い方、受け取り方の点で考えてみよう。あなたが客、あるいは店員だったらどうする？

　私たちはことばというコミュニケーションの道具をあまり深く考えないで使っている。客と店員とのやりとりをあらためて考えてみると、ことばをいい加減に使ったり、自分が言うことが相手にどんな影響を与えるかをあまり考えていないことに気がつく。ことばは、人間だけに使えるシンボルである。ことば

を使うから、ヒトがサルや鳥とは違った、人間として社会生活できることを再確認する必要がある。人間だけが使えることばの特色、機能、そして人間関係を営む上での伝統や、社会の風習に根ざした日本語の特徴をよく考えてコミュニケーションをしないと、対人関係がぎくしゃくしたり、表面的になったりしそうだ。

　ことば、非言語のシンボルはそれ自身には意味がなく、使う人々がひとつの文化圏で不文律のうちに合意した恣意的な方法で「適当に」意味をつけて使っている。そしてそれらの意味を少しでも共有しようと努力するプロセスがコミュニケーションである。恣意的であるために多くの誤解や問題が生じるが、「ヒト」はシンボルのおかげで人間として社会生活を営むことができる。メッセージ・コンピテンスを習得、発展させて、人間関係を豊かにするためにはシンボルの特徴を十分に理解し、コミュニケーションが果たす役割を把握しておきたい。

1 ことばとは何か

　シンボルは言語（バーバル）と非言語（ノンバーバル）に分けられる。ともに恣意性、あいまい性、それに抽象性という特徴を持っている。

a. 恣意性
　ことばは象徴（シンボル）である。信号（シグナル）や記号（サイン）との違いを考えると分かりやすい。寒気を感じたり、気持ち悪い思いをすると鳥肌が立つ（信号）ことがある。寒気と鳥肌との間には生理的に自然な関係があって、コントロールすることは難しい。野球の試合で、選手、監督、コーチはあらかじめ自分達で決めたサイン（記号）を使って、攻撃や守備の重要な情報を交換する。サインとそれが指すものとの間には、事前に固定されていて、個人が好き勝手に変えてはいけない関

係がある。交通標識、方向を示す矢印、デパートやホテルにある非常口を指すマークなども記号の例である。

　それに対して、ことばはシンボルで、指すものとの間の関係は、恣意的、意図的、人為的である。ことばに意味が自然に備わっていて、固定されているのではない。コーヒーを注文した客は、「こんなに暑いんだから、ランチについているコーヒーはアイス・コーヒーに決まってる」と考えた。一方、店員は「ランチのコーヒーはホット」ということしか頭の中にないものだから、「アイス・コーヒーじゃないの」と客に言われて不意をつかれる。「コーヒー」ということばに対して、客と店員とが違った意味づけをしている。

　図3-1はことばと、それを使う人、その人にとってそのことばが指すものとの関係を示している。「いぬ」ということばと、対象物であるいぬそのものとの間には点線が引かれているように、いつも変わらない関係があるのではない。人間が頭の中に持っている情報、イメージ、感情、などを恣意的、個人的に表現する際、自分で選んだのがそのときどきで使われることばである。したがって、同じ「いぬ」ということばを使っても、相手や、状況によっては、使う人自身が違った意味を込めていることになる。

　ことばそのものには意味はない。辞書に書いてある「意味」は、それぞれのことばの指示的、あるいは明示的意味（denotation）と呼ばれるもので、そのことばを使う人がごく一般的に意図するもの（対象）の概要である。これに対して、私たちはひとつひとつのことばの裏に、辞書では表すことができない、個人の気持ちも込めて、相手、状況などによってニュアンスを使い分ける意味を持っている。この微妙な部分が個人的、暗示的意味（connotation）と呼ばれる。個人的な意味の微妙な違いによってコミュニケーションでは誤解が生じたり、また「あそび」の部分が増えたりするので、相互のやり取りを繰り返しながら意味の共有を確認する必要が生じるのである。

▼図3-1 意味のトライアングル

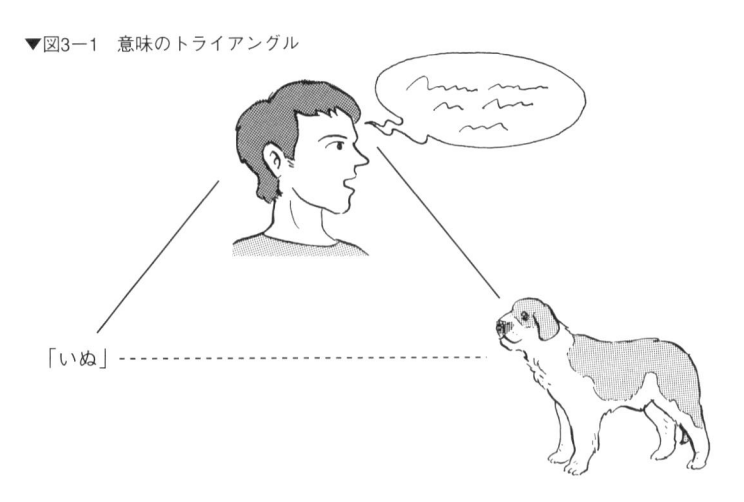

「いぬ」

　たとえば「学校」ということばは、「教師が生徒に勉強を教えたり、生活の指導をしたりして、社会人への成長を助ける場」という明示的意味で使われる。しかし、このことばの周辺部分はひとりひとりの人間によって微妙に、またときには大きく異なる。あるひとにとっては「学校」とは、「先生と一緒に勉強できて、友だちもたくさんいる楽しいところ」を指すのに対して、別の人にとっては、「いじわるな先生や同級生がいて、行きたくないところ」を指すかもしれない。それぞれのことばには一般的に合意されている部分と、使う人の過去の経験、文化的、教育的、経済的背景などによって異なる部分とがある。

　学校を楽しい場所と考えるか、いやなところと考えるかは個人の自由で、どちらの意味が正しいか決めることはできない。コミュニケーションをして自分の気持ちが伝わらなかったり、誤解されたりするのは、ことばの恣意性、特に個人的、暗示的意味の影響である。ことばはシンボルで、ことば自身に固定された意味があるわけではない。意味はそれぞれの人の頭の中にある。ことばを使って相手が何を伝えようとしているのか、真意を理解するためには、そのときの状況を適切に読み取り、できるだけ誤解されないような語彙、文法を使ったり、非言語メッセージを工夫したり、また逆に相手からのメッセージを総合

的に読み取るコンピテンスが役に立つ。

b. あいまい性

シンボルとそれが指すものとの間には固定された関係がないために、メッセージの送り手と受け手との間でずれが生じる。学校を勉強中心の場所と考えた人が「学校どう」と尋ねる。聞かれた方は、友だちを作るのが学校の主要な目的と考えていて、その人が「まあまあ」と答えたとしよう。この短いやりとりには、多くのあいまいな部分が見られる。「どう」、「まあまあ」ということばは、意図の仕方、受け取り方によってどうにでも解釈される。「学校」ということばが指すのは、物理的には校舎と運動場がある施設という点では一致するが、その施設での経験には相当な違いがある。

物、現象、考え方、あるいは人などに対して持つ印象、感情などをことばで表そうとしても、ことばがどの部分を指しているのか相手は容易に理解できない。あいまいなシンボルを使ってコミュニケーションするわけだから、理解の程度を高めるにはそれなりの努力がいる。

ことばのあいまい性から起こりうる誤解やその他の問題を少しでもやわらげるための手段として、シンボルの冗長性を利用した「繰り返し表現」が考えられる。同じことばを何度も繰り返すのではなく、ひとつの考えを違った角度から違った方法で相手に理解させる。レストランの客も、「コーヒー、あ、アイスね」と「コーヒー」と「アイス」と、一つのものを指す二つの違うことばを使って、アイス・コーヒーが欲しい、ということをもっと確実に伝えることができたはずである。

たとえば環境汚染の深刻さを理解してもらうためには、統計、具体例、引用、比較などの違った形で最も重要な点を相手に理解させることができる。「多くの国で地球温暖化による影響が報告されている」というあいまいなメッセージの意味を理解してもらうためには、「多くの国」というのが世界の何パーセントにあたるのか、「地球温暖化による影響」とは具体的にどのような

ことを指すのか、また「報告されている」とは誰がどのような形で誰に報告しているのか、などといったことをいろいろな角度から伝えて最初のメッセージのあいまいな部分は縮小する。

「環境汚染」、「環境破壊」、「熱帯林伐採」、「地球温暖化現象」、などなどそれぞれが違ったことを指してはいるが、同時に共通の領域もある。その共通の部分を利用することによって、メッセージの送り手は受け手の理解をより確実、正確なものにできる。このようにして大筋では同じ内容のメッセージを繰り返すことによってより効果的なコミュニケーションを図ることができる。

しかし、最近の日本人は、自分の伝えたいことを必要以上にあいまいにする。客と店員、両方ともただでさえあいまいなことばをさらにあいまいな方法で使っている。「お一人様で…、ランチで」、それに「ご注文の**方**」、また、「ホットに**なります**、ランチに**なります**」、さらに「**おそろいですか**」、「**よろしかったでしょうか**」。これらのことばは、どれも不適切、不必要である。日本人はあいまい表現を好むと言われるし、そのあいまいさの中に芸術性を求めたり、行間に込められた微妙なニュアンスを楽しんだりするが、それも状況しだいである。客と店員というコンテキストで使われても、「あいまいの美」が発揮されるわけではない。

意図的にシンボルのあいまい性を楽しむのは、詩、俳句、歌、あるいは絵画、彫刻などの芸術のコンテキストである。何十年、何百年もの昔作られた文学作品を読んで、その作者の心境や時代背景をああでもない、こうでもないと解釈しながら観賞できるのはシンボルからなる作品があいまいな部分をもっているから。もしひとつひとつのシンボルに時代、状況、背景などを超越した絶対不変の意味が固定されているとしたら、芸術の価値はたちまちなくなる。これに対してコンピューターの言語は固定された「意味」をもっている。コンピューターが独自にシンボルのあいまい性を利用して詩を書いたり、俳句を詠んだりはしない。

c. 抽象性

　ひとつの言語には何十万という語彙がある。これだけのことばを組み合わせれば、無数のメッセージを作り上げることができる。どんなに複雑なことでも詳細で、正確な表現が可能なはずである。しかし、私たちが送り出すメッセージは、頭の中にある多くの、しかも複雑な意味、感情、情報、などをぎゅっと凝縮して、そのエッセンスを運ばせるために選んだものである。したがって、コミュニケーションの状況で表面に現れる言語メッセージは、細かい部分を割愛して抽象化したものである。

　エピソードの客が、飲み物は何を、いつ持ってきてもらいたいか尋ねる店員に対して、「コーヒー、今」と答える。ごく短いメッセージだが、この中には、「ああ、暑い暑い、氷がたくさん入ったアイス・コーヒーを、今すぐ、ごくんごくんと飲み干したい。注文を繰り返して確認？そんなこと、どうでもいいから、早く持ってきてよ」といったような気持ちを託したつもりである。そんな細かいことまで言っていないけど、自分の気持ちを「コーヒー、今」という短いことばのメッセージに凝縮している。送り手はこの抽象化の過程を意識しようと思えばできないことはない。しかし、受け手はどんなに努力しても、完全に相手の立場に立つことはできない。せめて、努力することが、共有する意味の正確度を高めるのに役に立つ。

　コミュニケーション・コンピテンスに含まれる具体的な能力のひとつに、相手の立場に立って物事を考える能力、共感 (empathy) がある。シンボルの抽象性を念頭に置いて人の話を聞くと、共感能力を高めることができる。送られてくるメッセージが多くの細かな点を省略、凝縮した結果であることを理解しておこう。「コーヒー、今」と言われた店員は、日替わりランチについているのはホット・コーヒーしかない、でもこのお客さん、この様子だと「コーヒー」というのはアイス・コーヒーのことを考えているのかもしれない、と気を利かせることができれば、客にその旨伝えて確認する、などの行動を取ることができる。メッセージは人の考え、意見、感情のすべてを表すもの

ではなく、多くの情報を背後にもつ、「氷山の一角」である。

　シンボルの抽象性を理解してコミュニケーションに臨むと、相手の言動に対して尚早、過敏な反応も防げるはずである。もちろん意識し過ぎるとメッセージではなく、その裏に隠されているはずの感情や、もくろみ、下心などばかりに注意を向け、勘繰り合いになってコミュニケーションの妨げとなってしまう。

2 ことばのはたらき

　私たちがコミュニケーションの道具として使うことばは、恣意的、あいまい、抽象的なので、送り手が指す内容と、受け手が読み取る内容との間にはずれが生じる。また相手や状況によっては、同じことばでも異なるニュアンスを運んだり、世代、性、文化の違いによって大きく異なる意味合いを持つこともある。このように、人間にしか使うことのできないことばは、その特性によってさまざまなトラブルの元となる。しかし、人間はことばを使えるからこそ、他の動物にはないさまざまな能力を身につけ、発展させ、文明の発展を成し遂げることができる。ことばの恩恵をあらためて考えてみよう。

a. 名前をつける（ラベリング）、認識を整理する

　もし、物や人、できごと、人間の気持ちを指す名前がなかったらどうだろうか。赤ん坊が食べ物や母親を指す「まんま」ということばから、大人になって複雑、繊細な感情を指す「愛」、「尊敬」、「自信」などの抽象的なことばまで、すべてなかったら。不便で仕方がないだろう。指差したり、「うー」とか「あー」という声、というより音でしかコミュニケーションできないとしたら、こんなに不便なことはない。

　ことばが持っている、名前をつける、ラベリングという機能がもしなかったら、私たちの生活はたちまち不便になる。しかし、対人コミュニケーションで不便になる以前に、もしことば

がなかったら、たいへんな不安を感じるだろう。私たちは、五感を通して入ってくる刺激を認知し、種類ごとに分け、ラベルを貼って整理しているのである。たとえば、自分では認識していないけど、ある異性の人と会って話をするたびに、ドキドキしたり、顔が赤くなったり、また自分が思っていることを伝えるのにいつもとは違った緊張感があるとする。そのことを友人に話すと、「あの人のことが好きなんだよ」と言われる。自分では意識していなかったのに、「好き」と「命名」され、自分でもその名前を受け入れることによって、初めてその相手に対する気持ちが確認できる。

　初めてのもの、それが人であっても、食べ物であっても、また新しい経験であっても、名前がないと不安になる。見たことがない食べ物を出されて、「これ何」と尋ねたくなるのは、好奇心だけではなく、不安の現れである。「それは果物の一種よ」と答えられると、いくらか安心できる。経験したことがないものでも、頭の中でどの種類に分類すればいいか、ということがわかると不安が解消、削減されるほど私たちはことばの力に依存している。

　私たちは、目の前で起こっている現実の世界に生きているのと同時に、頭の中に持っているさまざまな「経験の世界」に生きている。したがって、どのようなことばを使って現実に名前をつけ、整理するのかによって住んでいる世界が違う、とも考えられる。「ニャーオ」と鳴く毛むくじゃらの動物を日本語で「猫」と呼ぶのと、英語で"cat"と呼ぶのとでは単にレッテルの差の問題ではなく、住んでいる経験の世界が違うのである。単語を発音するときに覚える感覚の違いから、そのことばが他の単語や、言い回しから連想させるイメージの違いまで、ことばによって作られる経験の違いは無視できないくらい大きい。

　単語レベルでの影響も大きいが、文法構造のレベルで考えてみると、日本語を話す人と、英語を話す人とでは、ものごとの見え方が違うことがよくわかる。大切なことをできるだけ文の最初の部分に置く英語と、最後まで聞かないと肯定文なのか、

否定文なのか判別できない日本語では、天と地ほどの違いがある。この相違は、メッセージの受け手にどのような影響を与えているのか、という単純な問題にとどまらない。ものごとに名前をつけるのに使う言語が日本語か、英語か、中国語か、その他の言語なのか、ということによって、同じ世界も違って見えている、ということを意味している。ことばは、現実の世界を経験の世界に納め、整理するために使われる「棚」と考えればわかりやすい。語彙の種類、数、その他の特徴は棚の分け方、数、各段の広さ、高さ、奥行きなどと比較できる。

　名前をつける、ということばの機能は、認識に大きく影響を与える。このことがコミュニケーション・コンピテンスに与える影響もたいへん大きい。ことばをいい加減に使って、「通じさえすればいい」と考えていると、満足できる人間関係を築くことは難しくなる。

b. 感情表出

　もの、人、できごと、経験、感情などに名前をつけることができたら、それを頭の中で整理して、自分の気持ち、主張として表現できる。「うれしい」、「悲しい」、「くやしい」、「チョー、ムカつく」などのことばを使って、相手に気持ちを分かってもらおうとすることができる。非言語メッセージの方が、感情の微妙で繊細な部分を表現するのに適している場合も多い。いくら、「うれしい」と繰り返しても、口を真一文字にして、目を引きつらせ、怒ったような口調で言っても伝わらない。言語と非言語のバランスが重要である。

　しかし、感情を表現するのに、非言語だけに頼るわけにはいかない。たとえば、親、友人、教師、カウンセラーなどに悩みを相談する場合、しかも相手の顔が見えない、電話や、パソコンでとなれば、ことばに依存するしかない。その際も、独創性を尊重して、独自の感情表現をするのは構わないが、対人コミュニケーション、あるいは大勢の人を前にスピーチやプレゼンテーションをする状況では、相手に理解してもらわなければ価

値がない。

　どうすれば相手に理解してもらえるか。感情を表すことばがどの程度相手と共有されているか、という問題である。ことばそのものには意味がない、とこれまで繰り返してきたが、相手と自分との間で「分かり合える部分」を築き広げるには、ことばによって代表される経験に共通の部分が必要である。自分の気持ちに名前をつけ、それを相手に受け取ってもらい、返ってくる反応によって、自分の気持ちを確認したり、修正したりする、という一連の過程こそが、ヒトは人とのコミュニケーションを通して人間へと成長する、ということを表している。

　感情に名前をつける機能と、それを表現する機能とは、便宜上分けてはいるものの、実際にはそれぞれの間に厳密な境界線があって、それを意識しながらことばを使っている、というわけではない。一度名前をつけて表現しても、相手や周囲の人から、「それを言うんだったら、○○でしょう」と指摘され、あらためて自分の気持ちに新しい名前をつけることだってある。

c. 人間関係コントロール

　メッセージには内容面と関係面がある。会話を始めたり、会話の途中で相手に話をするよう促したり、また、会話を終わらせたりするのもことば、非言語メッセージのはたらきによるものである。さらに、自分が相手のこと、また相手との人間関係をどのようにとらえているのか、ということもことばの端々に出る。

　初めての相手に声をかけるのは緊張する。そんなときに使うことばがその後の人間関係に影響する場合も多い。日本文化では、年齢による上下の関係がコミュニケーションの際、一つの枠組みとして作用する。自分よりも年下だと思っていた相手に「タメ口」で話をしていたら、後になってずっと年上だということが分かって気まずい思いをしたことがある人も多いだろう。

　ことばは、単に自分が相手に伝えたいと思っている用件を伝えるだけではなく、相手との関係をどのように見ているのか、

という「関係メッセージ」を伝える。人間関係を意図的にコントロールしなくても、発することばによって、真摯な関係を望んでいるのか、あるいはその場限りのやりとりだけで終わらせようとしているのか、などを読み取ることができる。

　肩書きや立場によって、日本語では「先生」、「課長」、「嫁」、「姑」、「おとうさん」、「おかあさん」などの呼び方を工夫する。これは、それぞれの人の社会的立場を明らかにすることによって、そこで行なわれるコミュニケーションの背景、枠組みを築くことに結びつく。

　日本語には、「私」を表すことばとして、「わたし」、「わたくし」、「あたし」、「ぼく」、「おれ」、あるいは「自分」、「うち」など、相手や状況によって使い分けるさまざまなことばがある。このうちどれを使うのかによって、相手との関係をどう考えているのか、あらためて説明する必要がないくらい、自分の態度を表現できる。このように、関係面を表すメッセージは、内容面に大きく影響する。コミュニケーションに関するコミュニケーションなので、メタ・コミュニケーションと呼ぶ。

d. アイデンティティー、立場を明らかにする

　ことばは自分自身に対する認識も左右する。私たちは、性、年齢、職業、生まれ育った地方、趣味などによってさまざまなグループに所属し、それぞれのグループから影響を受けている。その影響のひとつがことばの使い方である。逆にことばの使い方が自分自身の個人性、アイデンティティーを形成するのにも一役買っている。

　たとえばジェンダー。生まれる前から、染色体の数によって決まっているオスかメス、つまりセックスとしての性に対して、立場や役割、それらに伴う期待などによって作られる社会的性別としてのジェンダーは、生まれた後、人との関わり合いの中で形作られる。ことばの使い方の特徴は女らしさ、男らしさの一環として、最も目立ちやすい部分である。女性が自分のことを「わたし」と呼んだり、「…だわ」ということばで文を終わっ

たりすると、その人は自分自身を「女らしい人」ととらえ、周囲の人たちにもそのように思ってもらいたい、と考えることができる。逆に男性がそのような言葉遣いをすると、その人は自分を日本社会が求める「男らしい人」という枠組みにはめ込みたくない、という気持ちの表れと考えられる。

　同時に、アイデンティティーを示すことばをコミュニケーションの相手に対して使うと、それらのことばは相手に対する認識、あるいは色眼鏡を映す鏡にもなる。「男のくせに」、「女のくせに」という言い方は、相手の中身より、表の看板に、あるいはそれだけにとらわれていることを示す表現とも言える。自分では気がつかないところで、相手と自分との立場を決めつけようとしているのかも知れない。それが相手にとって不快だったり、不満の元となったりするとセクハラ、差別、偏見、といったコミュニケーションを著しく妨げる原因となる。

e. 情報を記録する

　ことばは記憶の道具でもある。人の名前、行ったことのある場所、日時、食べたものの名前、など経験したことを次の機会に取り出すためにはことばが欠かせない。頭の中に記憶できることには限りがあるので、紙に、あるいはコンピューターのハードディスク、フロッピーディスク、ＣＤ、さらには携帯電話などのメディアに記憶させる。情報を蓄積する媒体は日進月歩して、小型化、低価格化、そして大容量化してはいるが、人間が情報を記録するために使う媒介はあくまでもことばである。

　このように、人間はことばを使って、時間を超越したコミュニケーションを図る。過去の記録を見ながら反省をしたり、歴史上の重大事件、自然現象の記録を元に対策を講じたりする、といった能力は人間だけに与えられたことばというシンボルの恩恵である。目の前の相手との関係を営むことに加えて、過去の自分や、人類の先駆者と時間を超えてコミュニケーションすることができるのも、ことばのおかげである。

f. 今・ここ以外を考える：共感、ゴール設定

　ことばを使って未来の状況を予想したり、将来の行動計画を立てることもできる。動物と違って人間は目前にあるもの以外の事物について考えることができる。将来のことを考えて奮いたったり、逆に不安に陥ったりと、あらゆる方向に思いを馳せる。

　これらのことは頭のなかでシンボルを使って「考える」ことができてはじめて可能となる。猿、犬、いるか、クジラなど比較的発達した頭脳をもつといわれる動物でも、時間を越えて物事を考えそれを自らの種族の発展に役立てることはできない。犬が、翌日早起きできるように夜早めに寝たり、金魚が最近食べすぎだからとダイエットを計画したりはしない。

　これを利用してわれわれは将来の目標を立て、現在の行動、生活をその目標達成のために合わせることができる。たとえば、多くの人はなぜ大学受験のために朝から晩まで寝食を惜しんで、好きなテレビを見るのもやめて、友達と遊ぶ時間も削って好きでもない勉強をするのだろうか。志望の大学に合格して、希望の分野の勉強をし、専門知識と色々な経験を積んで興味の方面に就職するという目的意識をもち、さらにその目的を達成するための動機をそなえているからである。

　また、自分以外の人の立場に立ってものごとを見ることができる共感や、感情移入の能力もことばというシンボルのはたらきにほかならない。たとえば映画を見たり、小説を読んだりして笑ったり、泣いたり、憤りを感じたり、感動したりするのは自らをその物語の登場人物に置き換えるからである。いかに自分自身を相手の立場に置き換えられるか、またコミュニケーションの状況を自分、相手、さらには第三者の立場から判断する能力はコミュニケーション・コンピテンスを養成する上で欠かすことができない。

3 ことばの3つのレベルのコンピテンス

　ことばは恣意的、つまり使う人の経験や個性、文化的背景、価値観などに基づいてさまざまな意味を運び、あいまいで抽象的という特性を持っている。野球のバットや、自動車、包丁や鍋などの料理の道具はそれらを使う人の技術や経験によって違った機能を発揮する。しかし、ことばはそれ以上に使う人との関係が深い。包丁などの道具は、使い手と分けて考えることができる一方、ことばはその人の考え方、気持ち、アイデンティティーを表すだけではなく、自分自身に対する考え方や相手との関係に影響を与えたりする。ことばをどう使うかは、使う人の能力に全面的に関わっているし、同時に、ことばの使い方によって相手との関係、ひいては自分の生き方に重大な影響を与える。

　一言で「ことばを上手に使う」といっても、そのことが指す範囲は広い。ことばを使う上でのコンピテンスを3つのレベルに分けて考えてみよう。

a. 単語レベルのコンピテンス：発音、意味

　近年、日本語が乱れている、と言われている。では、乱れている、とは一体何がどうなっている状態なのだろうか。

　成熟した大人としてコミュニケーションをするには正確な、そしてわかりやすい単語の使い方をしたいものである。まず、ひとつの単語を形成するそれぞれの音韻を正確に発音しないと、聞いている側にはわかってもらえなかったり、不快感を起こさせたりする。たとえば日本語のガ行の音は、本来半鼻濁音といって、半分鼻に抜かせる音だった。しかし、現代の日本人は、特に若者が驚きや嫌悪感を表すときに言う「ゲッ」に見られるように、空気を全部口から吐き出すようになってきた。意味は通じるし、メッセージの受け手がいちいち、「それを言うんだったら、空気を半分鼻に通しなさい」と指摘するようなことはない。長い間培われてきた日本語独特の音を大切にしないという

態度は、発音コンピテンスが欠けている、さらにはコミュニケーションに対する真摯な態度が十分ではない、というメッセージを送ることにもなりかねない。

　発音より、さらに高度な能力や努力が求められるのが意味コンピテンスである。ことばは恣意的に使われる道具で、それ自身に意味が固定されているのではない。しかし、単語には、それぞれの社会で一般的に合意された、妥当な範囲の意味のレパートリーがある。使う人が勝手に、その約束を破って、個別にその意味の範囲を定め始めたら、コミュニケーションは成立しなくなる。

　相手に良い印象を持ってもらおうとか、自分の知的なところを見てもらおうと力んで、いつもは使わないことばを使うと、とんでもない失敗をすることもある。使い慣れない敬語を使って、聞き手に好意を持ってもらおう、というような場合がそうである。レストランの店員が使っている、「こちら、ランチになります。ご注文の方、おそろいでしょうか」という言い方。「なります」、「ご注文の方」、「おそろい」、どれも意味コンピテンスが欠けている。ていねいに言っているつもりかもしれないが、「ランチです。ご注文の品、そろいましたでしょうか」が、正確なことばの選び方である。

　政治家が入閣したり大事な役職に就いたりするときに、普通の人が日常の会話ではまず使わない分かりにくい四文字熟語を使って気持ちを表そうとすることがあるが、受け手が理解しにくいことばを使っても、意味コンピテンスが備わっているとは言えない。「今のお気持ちは」と尋ねられ、「驚天動地だ」と答えて、どれだけの人に正確に気持ちが伝わるのだろうか。古い、わかりにくい語彙を使ってコミュニケーションをしようとするのは意味コンピテンスが十分ではない、ということを自分から明らかにしているようなものである。

b. 文法レベルのコンピテンス

　単語を発音と意味の上で正確に、わかりやすく使うことがで

きるようになったら、今度はそれらをどのような順番で並べるか、というレベルのコンピテンスである。文法をはじめ、それぞれの国や社会の法律、条令、規範なども、ことばというシンボルで作られた、恣意的な決まりの集合体である。したがって、文法という恣意的な決まりを少しくらい破ったからといって、罰則が与えられるのは試験のときくらいのものである。肝心なのは中身。たかが文法なのである。

しかし、簡単な文法上の約束事もわからない、守れない、というのであれば、どのようなコンテキストでもあまり信頼できない人と認識され、後々相手を説得しようと思ってもうまくいかなくなる。たかが文法、されど文法なのである。

エピソードの中の店員も客も、「…で」という助詞の使い方は誤りである。「ランチがいい」と言うのと、「ランチでいい」と言うのとでは、ずいぶん意味合いが違う。家に遊びに来た友人に、「お茶でいい」と尋ね、「うん、お茶でいい」と応えられたら、どうだろうか。「せっかく勧めているのに、『お茶でいい』とは失礼な」と思うのではないだろうか。

また、「お一人様で…」、「ご注文の方、おきまりでしたら、お伺いしますが…」、「ランチで…」のように、文が終わらないままにメッセージを途中で切ってしまっているのも、文法的には問題がある。人から何か尋ねられて、「…ですけど」という答え方で文を終わる人もいる。この後、何か「…だけど、○○です」と、最もいいたいことをはっきりと言うために「けど」という逆説を述べている場合であれば問題ないが、常に「…けど」で文を終わらせると、本当は何が言いたいのか、聞き手にとってはたいへんわかりにくい。

文法のことにあまり目くじら立てて、常に人の誤りを指摘していると、そのうちだれも話しかけてくれなくなるかもしれない。しかし、言語を使う上で、暗黙とはいえ、了解事項があるわけだから、それぞれの社会で人間関係を築き、自分の豊かな生き方を求めるのであれば、いらぬ誤解を招いたり、自分の主張が人から軽く扱われかねないような文法構造を持ったコミュ

ニケーション・メッセージをできる限り少なくする努力は大切にしたい。

c. 人間関係レベルのコンピテンス：人に好かれて自分を通す

　ことばを使う上で最も高等なコンピテンスが、人間関係レベルである。それぞれの単語の発音、意味、そして、単語をどのように組み合わせるか、ということに加えて、自己コンピテンス、ゴールコンピテンス、認識コンピテンスすべてを統合した上で、それぞれのコンテキストでどのように言語メッセージを組み立て、発するのか、という総合的な能力を指している。

　特定の相手とどのような人間関係を築き、維持、発展させたいのかによって、言語メッセージを組み立てる上で求められる要件は異なる。すべての相手と、すべての状況で満足行くコミュニケーションをするためのコンピテンスを考えることはできない。しかし、多くの状況に共通のゴールといえば、「自分の主張はしっかりとしながらも、相手から好感を持ってもらい、その相手との人間関係を自分が意図する方向に進める」ということではないだろうか。「自分を通す」と、「人から好かれる」は相反するゴールで、両方一度に達成することは難しいように思えるかもしれないが人間関係がうまくいっている人を見てみると、確かに、自分が言いたいことをはっきりと言い、同時に人から好かれ、尊敬され、多くの友人に囲まれている。

　しかし、私たちのコミュニケーションは、洋服のように、日替わりで取替え引き換えできるのではなく、生き方そのもののわけだから、すべての人にとって効果的なコンピテンスや、「一般的、平均的」方法があるわけでもない。自分に合った方法を見つけ、磨くことが大事である。たとえば、初対面の人とでも、何でも話せて、場をにぎやかにすることが上手な人を見てうらやましい、と思うかもしれない。しかし、それはその人にとっては有効で、満足度を高める方法でも、他の人が真似をしてうまくいくとは限らない。

　ことばを使って、人間関係を自分の意図する方向に進めるた

めに、いくつか頭の隅に留めておきたい重要な点がある。

（1）意味はことばの中ではなく、頭の中にある

　意味はことばの中に埋め込まれているのではない。ことばの送り手と受け手とが、ことばや非言語メッセージを交換し合いながら、共有できる意味を模索するプロセスがコミュニケーションである。送り手が頭の中にある意味をことばに託して、受け手が自分の頭の中にある「意味の候補」の中から適当なものを選んで、それぞれのことばにくっつけるわけだから、ことばそのものには意味がない、ということをもう一度確認しておきたい。しかし、長い間日本語を使っていると、ことばと意味との間の恣意的な関係を忘れがちで、相手からのメッセージに過敏な反応をしたり、逆に送り手として無神経なことばを使ってしまったりすることがある。そのようなわけで、コンピテンスとは、時間をかけて、さまざまな経験を通して身につけ、磨かなければいけない人間性の一部である。

（2）一度発したことばは取り戻せない

　友人同士できついことを言ってしまった後、「ごめん、言いすぎた」と謝ったり、政治家が失言をした後、「真意が伝わっていない」とか、「発言を取り消す」とか、「反省している」といった陳謝をすることがある。確かに申し訳ないことを言った、という気持ちは伝わるものの、一度発したメッセージをなかったことにはできない。メッセージは後戻しできない。非言語に比べると、デジタル・メッセージであることばは容易にコントロールできる。パソコンや携帯電話でメールを送るような場合は特にそうである。できるだけ誤解の可能性が低い、相手の気持ちを傷つけることのないようなことばを選ぶことが人間関係レベルのコンピテンスに結びつく。

（3）ことばに運ばせる意味、影響の責任は送り手にある

自分が発することばには責任を持つことは当然だが、「なる」的発想が強い日本人には、自分のコミュニケーションに対する責任感が弱い場合が少なくない。だからなのか、何を言いたいのかわからないようなあいまいなことば使い、はっきりしない話の順序、あるいは、責任回避の表現を耳にすることが多い。「あのう、まあ、たいしたことじゃないんだけど、アイス・コーヒーが飲めたらいいなあ、みたいな…」というメッセージを使っても、良い結果は望めない。自分が言いたいことは、自分の主張として、責任を持って発言すべきである。同時に、発言によって生じた結果、相手に与えた影響も自分の責任である。人間関係の成り行きや結果についてすべて責任を取ることはできないかもしれないが、「なる」的発想から、「なす・する」的発想に転換することも必要である。人間関係は、当事者同士がお互い責任を取りながら、築き、維持、発展、あるいは終結させるという発想があると、コミュニケーションに対する心構えももっと積極的になるだろう。

（4）ことばと、非言語、コンテキストは切り離せない

これまで、コミュニケーションを送り手、受け手、メッセージ、コンテキスト、という「部品」に分けて考えてきた。しかし、実際にはメッセージが受け手や、人間関係に与える影響、さらには、両者の間のこれまでのやりとり、文化的背景など、さまざまな要因が複雑に影響を与え合いながら、私たちはコミュニケーションしている。したがって、ことばを非言語やコンテキストと切り離して考えるのではなく、全体的視野に立って考える必要がある。ことばを発するとき、口調、話す速さ、顔の表情、姿勢、相手との距離、周囲の状況など、さまざまな要因が複雑に影響を与えている。発音や文法、意味にばかり気をとられすぎて、自分が発するメッセージが相手や周囲に与える影響に気が回らなかったり、逆に相手からメッセージを受け取る際、単語や言い回しばかり気にして

いると、相手が何を伝えようとしているのか見失ってしまう。ことばの細かい部分にとらわれすぎないで、全体を見る、聴くことがコンピテンスにつながる。

Review Exercise

1. 普段何気なく使っていることばを一つ選んで、何人かの友人にそのことばから連想されることを聞いてみましょう。たとえば、「デート」ということばを聞いて、どんな場面が思い浮かぶか。単純に「食事をする」のと、「デート」では何がどのように違うのか。また、それぞれのことは、どのような経験、想像、あるいはその人の性格によって連想されるのか、差し支えない範囲で聞いてみよう。同じことばでも、ひとそれぞれ違ったことを意味することがわかるでしょう。さらに、もっと抽象的なことば、たとえば「幸福」、「理想」、「思いやり」などについても確かめてください。

2. 自分の言語コンピテンスを観察、評価してみよう。コミュニケーションをしている最中は、自分のことばの使い方や、相手への影響を冷静に考えるのは難しいものです。でも、自分自身で、コミュニケーション能力の優れた部分、改善を必要とする部分を確かめておくことは、コンピテンスを高める上で欠かせないステップです。わかりやすい発音で話しているか。余計なことば、たとえば、「…になります」、「…ですけど」などで文を終わらせていないか。どう解釈されるか分からないことばを無責任に発していないか。自分が使うことばは、どのような人間関係を目指したものか。もし、改善を必要とする言語能力があるとしたら、今後どのようなことに気をつけてコミュニケーションに臨めば良いでしょうか。

第4章　ノンバーバル・コミュニケーション

エピソード

　アルバイトを希望する2人の学生（A・B）に、コンビニエンス・ストアの店長が個別に面接している。Aがドアを力強くノックし、「おはようございます」と元気なあいさつをして部屋に入ってくる。視線はまっすぐ店長に向けているが、人なつこそうな表情をしている。きれいに洗濯、のりづけされた白い綿のシャツに、洗いざらしの綿パン、スニーカーという服装。用意された椅子にゆったりと座って、両手は膝の上に置き、背筋を伸ばし、穏やかな視線を店長に向けている。
　一方、Bは、聞こえるか聞こえないくらいのノックをして、返事を待たずにいつの間にか部屋に入ってくる。「おはよう…」と、ぼそぼそと言って、椅子に座る。店長をチラッと見た後、視線は床に向けられている。髪はぼさぼさで、顔は下向き加減。ブランド物のシャツを着ているが、しわだらけで、黒の革靴もほこりで汚れている。椅子には浅く腰掛け、背中が曲がり、両手は太もものあたりにだらりと置かれている。
　個別に面接を行なった結果、Aの方は、学校の成績は中程度。課外活動は行なっておらず、今後の就職活動についても方針や希望はまだはっきりしない。就職難の時代にそのようなことでは困るのでは、という店長の質問に、「なるようにしかならない。今は、バイトしてお金を貯め、海外旅行など、学生のときにしかできないことを楽しみたい」という答え。
　店長はBに対しても同じような質問をしたが、学校の成績は抜群で、学年で1，2を争う位置にいることがわかった。1年生から始めたサークル活動では、おとなしい性格ではあるが、影のリーダーとしてなくてはならない存在。就職についてもはっきりとした目標を持っていて、その活動を始めるにあたって資金が必要なので、今回のアルバイトを希望している、という主旨のことをぼそぼそと語った。
　あなたが店長だとしたら、A、B、どちらの学生を採用するだろうか。その理由は。

このエピソードの2人の学生、多くの点で対照的である。わずかな時間内の面接で合否が決定される状況では、質問に対する回答の中身も当然重要な評価の対象になるが、その回答をどのように提示するか、またそれ以前に、質疑に入る前、質疑中、さらに退室する際の素振りの方が、ずっと多くの「情報」を伝えていることがわかる。ことばを使ってコミュニケーションをするから人間、人間だからことばを使う、ではあるが、私たちはことば以外の道具にも依存して人間関係を営んでいる。ことばとことば以外のシンボルを使う割合は、平均すると3：7とも言われている。非言語メッセージが私たちのコミュニケーションに与える影響は大きい。

　言語をバーバルと呼ぶのに対し、ことば以外のメッセージを全部まとめてノンバーバル・コミュニケーションと呼んでいる。「ことば以外すべて」の領域を指すので、たいへん多くの種類や特徴を持っている。コミュニケーション・コンピテンスを伸ばすためには、日常の対人関係での利用頻度が高く、影響力の強い非言語メッセージの特徴、はたらき、具体的、効果的な使い方について整理しておくことが必要である。

1 ノンバーバル・コミュニケーションの特徴

a. アナログ・メッセージの特質：無意識的、連続的

　言語メッセージがデジタルで、非言語メッセージはアナログである場合が多いが、それは何を意味するのだろうか。それぞれの、メッセージと意味との関係をもう一度振り返ってみよう。たとえば、「うれしい」ということばと、頭の中に持っている、何か浮き浮きした、軽やかな気持ちそのものとの間には自然の関係はない。これに対して、目じりが下がり、頬の筋肉が緊張を失い、唇も緩み、半開きになった口からは思わずことばにはならない、歓喜の声が出る、といった意図的に選んだわけではない「ノンバーバル・メッセージ」と、うれしいという気持ち

との間には、自然の関係がある。それぞれの行動と、それらの元となった気持ちとの間には、類推、アナログの関係があったり、あるいは、笑う、目が細くなる、という動作そのものがうれしいという感情の印であったりする。

　対象とアナログの関係を持っているので、人間はノンバーバル・コミュニケーションを常にコントロールすることはできない。ある程度、感情を抑制できても、嬉しい、悲しいという気持ちを外に出さない、ということはできない。無意識のうちに顔の表情、姿勢、口調などに気持ちが表れる。

　感情には、はっきりとした始めと終わりがないのと同じように、ノンバーバル・コミュニケーションもことばとは違って、開始点・終了点を明確にすることが難しい。ことばを発していなくても、顔の表情や、視線などによって、メッセージの受け手は意味を読み取る。たとえば、客の顔を見るのと同時に「いらっしゃいませ」とあいさつをしても、その店員が、それまで大きなあくびをしたり、やる気のなさそうな姿勢で出入り口に立っているのを客が見ていたとしたら、ことばとは裏腹なメッセージが伝わる。エピソードに登場した二人の学生のように、面接は、部屋に入ってきたときから、あるいはノックの仕方もメッセージを伝えているとすれば、部屋に入る前からノンバーバル・コミュニケーションは始まっているのである。

b. ノンバーバル・コミュニケーションのシンボル性

　ことばには、発音、文法に関する決まりがある。人とまったく違ったことばの使い方をすると、理解してもらえない。ある程度の範囲内で、ことばとそれが指すものとの関係が決められている、といえる。

　しかし、ノンバーバル・コミュニケーションの場合、その範囲がもっと広く、境界線がぼやけている。たとえば、「何人ですか」という質問に対して、指で答えを示そうとする場合、おそらくほとんどの人は人差し指を立てて「一人」であることを表す。この状況で中指や小指を一本だけ立てても「一人」という

意味を伝えられるはずである。ところが、中指を立てるのは、アメリカでは相手を強く侮辱したり、罵ったりする際に使うたいへんインパクトの強いノンバーバル・メッセージである。また、小指を一本立てるしぐさは、日本では「特別な関係にある女性」を示す場合が多い。

　このように、ことばほど明確ではないにせよ、ノンバーバル・メッセージとそれらが指すものとの間には恣意的な関係しか存在しない。それぞれの指に運ばせる意味は恣意的、個人的に定められているので、本当はどの指でも一本立っていれば、「一人」という答えを示せるはずである。しかし、私たちは普通人差し指で数字の「一」を表す。いくら恣意的、個人的、といっても、それぞれの文化圏、言語圏で、一応の暗黙の了解があって、それぞれの指にはぼんやりとではあるが、一般的な意味が指定されていることが多い。

　指を使ったサインが、ある程度限られた範囲内の意味を指すのに対して、服装、髪型、話している相手との距離、部屋や家の中のスペースの使い方、時間、など周囲のものすべてを、私たちは自由に、また勝手にノンバーバル・メッセージとして使ってコミュニケーションしている。たとえば、家にお客さんが来るとき、玄関に客用のスリッパを並べ、客間に通し、客用の湯呑み茶碗でお茶を出す。これらのものには、「客用」ということばが書かれているわけではないが、訪問する人が、「きれい、上等、高級」という印象を持てば、自分は客としてもてなされているのだという「意味」を読み取る。

　このように、それ自体には意味のないありとあらゆるものを使って、私たちは頭の中にある意味を相手に伝えようとする。ことばと同様、ノンバーバル・メッセージもシンボルである。

c. ノンバーバル・コミュニケーションと文化の関係

　嬉しいときに「うれしい」ということばを使うのは日本語を話す人だけなのに対して、「笑う」というノンバーバル・コミュニケーションは文化や国にかかわらず、共通のシンボルである。

デジタル・メッセージであることばと比べると、ノンバーバル・コミュニケーションは文化の影響を受けにくい。

シンボルと、それらが指すものとの間には、自然ではなく、恣意的な関係が存在する。特にことばと意味との間のデジタルな関係は、それぞれの文化圏、言語圏で学習することによって初めて自分のものにすることができる。たとえば、「しあわせ」ということばが指す、幅広い、そして微妙な感情は辞書を引けば直ちに理解できる、というものではない。ことばと感情との間の関係を習得するには、実体験が必要である。幸せな気持ちをもたらせてくれるような経験を持ち、その気持ちを「うれしい」、「たのしい」、ではなく、「しあわせ」ということばを使って人に伝え、共有して初めて微妙なニュアンスを含めて、ことばの使い方を習得する。

それに対してノンバーバル・コミュニケーションは、うれしいときには自然に頬が緩んだり、目じりが下がったりして、あらためて学習しなくても自分で使ったり、人が使っているのを見て、聞いて理解することができる。どこの国、文化でも、喜び、悲しみ、怒り、驚き、恐怖、嫌悪の感情は、ほぼ共通の顔の表情で表される。これらの感情を表している顔写真を見せて、それぞれが六つのうちのどの感情を表現したものか尋ねてみると、国籍、母語、年齢、性別、などに関係なく、同じ答えが返ってくる。ただし、欧米人は日本人の「照れ笑い」や、悲しいはずなのに口元に笑みをたくわえているのを見て、「日本人は何を考えているか分からない、不気味」と感じる。文化の影響は少ないといっても、シンボルである以上、メッセージとそれが指すものとの関係は恣意的である。

特に、表象の程度が高いメッセージは、それぞれの文化内でしか意味をなさない。たとえば、日本では親指と人差し指で円を作って「お金」を表現することがあるが、東南アジアでは、性交渉や、その他卑猥なメッセージを運ぶ。また、欧米人にとってこの指のサインが「オーケー」の意味を運ぶことはあっても、お金を指すことはない。写真を撮られるとき、老若男女、

人差し指と中指を立ててカメラの方を向くのが日本だが、間違っても手の甲をカメラに向けてこのサインをしないように注意したい。これは、イギリスでは、アメリカの中指を立てて軽蔑、侮辱を示すサインに匹敵するくらい、挑発的で危険なノンバーバル・メッセージである。

d. バーバル・コミュニケーションとの関係

人間は、身体の一部はもちろん、周囲にあるどのようなものでもノンバーバル・コミュニケーションの道具にする。意味とのアナログの関係によって、ノンバーバル・メッセージの方が、微妙で、繊細な感情を正確に表す場合が多い。しかし、コミュニケーション・コンテキストでは、いくら影響力が強い、といっても、ノンバーバル・メッセージだけが単独で意味を伝える媒介として機能するわけではない。他の要因、特にバーバル・コミュニケーションとの関連を考えておくことが、コミュニケーション・コンピテンスの増進につながる。

(1) 代用

ことばを使わずに、ノンバーバル・メッセージだけでコミュニケーションをしようとすることがある。たとえば、「こっちへ来い」というメッセージを指や、手で伝えようとするとき。声が届かないくらい遠くにいる相手に、何かを伝えようとするとき、またシーンと静まり返った場所でことばが使えないとき、ノンバーバル・コミュニケーションに代替をさせる。

(2) 補完

ことばで伝えたい内容を、ノンバーバル・メッセージを使ってさらにわかりやすいように伝える。「右に曲がってください」と言うのと同時に、手で右の方向を指すとバーバル・メッセージを補足して、受け手にさらにわかりやすいメッセージとなる。

(3) 強調

感情や、気持ちを表現するときに、口調をことばの内容に合わせて、さらにわかりやすく、強調することが多い。顔の表

情、身ぶり手ぶり、姿勢、などを工夫すると、ことばで訴えたい内容のどの部分が重要なのか明らかにできる。

(4) 矛盾

故意にことばの内容と矛盾させることはないかも知れないが、気持ちを正直に表す分、もし両者に食い違いがあれば、受け手はノンバーバル・メッセージを信頼する。「好きだ」と言われても、顔の表情、視線、口調、姿勢などに誠意が感じられなければ、受け手はことばではなく、ノンバーバル・メッセージを信用する。エピソードのBの学生の言語メッセージと、ノンバーバル・メッセージとの間には矛盾があるので、ことばの中身を素直に受け取れずに困惑している店長の顔が目に浮かぶ。

(5) 調整

ことばの流れ、相手とのやりとりをコントロールするために、ノンバーバル・メッセージを使う。グループで話し合いをする場合、話す順番を調整したり、人の話をさえぎったり、逆に相手に話をするよう促したり、というコントロールをするのはノンバーバル・メッセージの方が効率的である。話をしてもらいたい、あるいは、やめてもらいたい相手に、気持ちを込めて視線を送るのがこの例である。

2 ノンバーバル・コミュニケーションの種類と機能

エピソードで面接を受けている二人の学生、尋ねられたことに対することばによる回答は、採用されるかどうかの決定に重要な影響を与える。特に、コンビニエンス・ストアのように、多くの客を相手にする商売では、話す内容より、話し方、客との接し方の方が売り上げを大きく左右する。ことば以外、すべてノンバーバル・コミュニケーションに分類されるわけだから、整理して考えないと、コンピテンスを伸ばす具体的な手立ても講じにくい。ノンバーバル・コミュニケーションはどのような

種類に分けて考えられるのだろうか。

a. 周辺言語

　ことばそのものではなく、その周辺部分にあたる、口調、声の大きさ、高さ、抑揚、しゃべる早さ、などを周辺言語と呼ぶ。私たちは声を変化させて、そのときどきの気分や、相手に対する気持ちを表現する。怒ったような声、甘え声、しっかりした声、ふてくされたような声、など声帯の緊張度を微妙に変化させたり、大きさや速さをコントロールして、ことばでは表現しにくい、感情の細かい側面を表そうとする。また、声を出さない時間、つまり沈黙の長さやタイミングを調整して、相手に対する自分の立場を表現することもできる。たとえば、バイトの面接の学生が、質問を聞いた後、即座に回答を始めた場合と、少し間をおいて、自分がメッセージの送り手としての主導権を持っていることを確認した後で回答を始める場合とでは、コンテキストや、受け手に与える影響が異なる。

b. スペース

　私たち一人ひとりは、身体の回りに目には見えない「泡」を持っている。見えにくいが、割れないように大事にしている泡が、何者かによって壊されそうになると、後ずさりしたり、逆にその相手を押しのけたりして、距離を保つことによって泡を守ろうとする。また、相手がごく親しい人の場合、泡をくっつけ合ったり、二人でひとつの泡の中に入ってそれを一緒に守ろうとしたりする。

　相手が誰か、またどのような状況なのかということによって「適切な」距離がある。バイトの面接の場合も、部屋の大きさにもよるが、店長と学生との間には１～３メートル程度の「社会的距離」と呼ばれるスペースが置かれるのが普通である。恋人とデートするときにはそれが、密接距離（０～３０センチ程度）になり、逆に授業や講演での話し手と聞き手との間には３メートル以上の「公衆距離」が置かれる。また、初対面の相手や商

談など、ある程度距離を置いて話をしたいという場合は、1メートル前後の「個人距離」を守る。スペースの使い方ひとつでさまざまなメッセージを送ることができる。部屋の中の家具の配置、飲食店内のテーブルや椅子の設定から、街づくりの際の公園や道路の配置にまで規模を大きくして考えることができる。

c. 時間

　スペースがメッセージとして使えるのであれば、もうひとつの「間」である、時間もノンバーバル・メッセージと考えられる。もし、学生がバイトの面接に少しでも遅れてきたとしたら、いくら面接中に「私の長所は約束の時間を守ることです」と言っても、まったく信用できない。私たちは人間社会で、空間や時間という、「間」を共有して生きているわけだから、相手からかけがえのない間を奪おうとすることは、人と人との間に生きる人間として許されない。しかし、文化によっては、時間に対しての考え方が異なる。私の友人が、大学院時代、アメリカ人と南米のある国の学生と工学部の実験のために、「午前１０時に集合」という約束をした。日本人である友人は、「約束５分前主義」のさらに上を行く人で、午前９時４０分ごろには実験室で準備を始めた。アメリカ人の学生が１０時少し過ぎに悪びれた顔もしないで現れたのにはちょっとムッとしたが、もう一人の学生に比べると序の口。南米から来た学生は、約束の２時間後、正午過ぎに来て、すでに実験が始まっているのを見てびっくりしたという。「時間は金」という日本や欧米のビジネス界の考え方とラテン文化の「あわてても仕方ない」という考え方は対照的である。

d. 接触

　私たちは五感をチャネルとして使ってコミュニケーションしている。その中でも、相手との人間関係に強い影響を与えるのが、触覚を通したメッセージの交換である。最後までがんばったにもかかわらず、惜しいところで試合に負けてしまってがっ

かりしているときに、監督からやさしく肩や背中をたたかれたり、おかしい冗談を言ってお互いの腕に触れ合いながら笑ったりすると、ことばでは言い尽くせない感情を共有することができる。触覚は視覚、聴覚と同じくらい、場合によってはそれ以上に敏感に刺激、情報を認知するので、コミュニケーションのチャネルとして大事な役割を果たす。

　しかし、敏感だからこそ使い方を誤ると、意図したことが伝わらなかったり、逆にメッセージの送り手が意図しなかったことを受け手が読み取ったりする場合もある。初対面の異性、年齢が大きく離れた人、あるいは公式な場で立場の違いが重要な意味を持つ人とのコミュニケーションでは、接触のノンバーバル・メッセージには特に注意を払う必要がある。軽い気持ちで相手の身体に触れて、「いやらしい人」、「失礼な人間」と思われたくはないものである。また、接触のノンバーバル・メッセージについては、触り方、触る部位、タイミング、それにお互いの文化的背景による、接触に対する考え方の相違なども考慮しなくてはいけない。親しみを込めたつもりで子どもの頭をさすって、ひんしゅくを買った旅行者の話は有名である。東南アジアでは、左手は「不浄の手」という意味づけがされている。

e. 動作

　送り手が最も自由にコントロールできるノンバーバル・コミュニケーションが、身体の各部位の動作である。意識する度合いが高い分、種類も豊富である。頭のてっぺんからつま先まで、身体全体を使ってメッセージを送ることができるが、その中でも最も使いやすく、多くのメッセージを託すことができるのが、視線、顔の表情、姿勢、身ぶり手ぶりである。身体のどの部分を使うか、という分類に加えて、それらがどのような役割を果たすか、ということによって分けることもできる。

　エンブレム（表象）は、たとえば二本の指を使って作るＶサインや、ＯＫサインのように、あらかじめおおむね決められた対象（意味）を指す。感情表出は、顔の表情や姿勢などで、さ

まざまな感情や心理状態を表し、イラストレーター（例示）は、バーバル・メッセージをさらに分かりやすく、あるいは強調する役目を果たす。レギュレーターは、話すことを相手に促したり、唇の前に人差し指を縦に置いて、「シー」と言いながら話をやめさせたり、コミュニケーションの流れをコントロールする。また、アダプターはあくびや、くしゃみ、あるいは冷や汗など、意図的に操作できないが、身体の生理的状態によって自然に出る動作を指す。せっかく話をしているのに相手から落ち着かない視線で見られたり、あくびをされたりすると、「この人、私の話を聞いていない、退屈なのか、それとも私が嫌いなんだろうか」など、ノンバーバル・メッセージの受け手として、さまざまな意味を読み取られる。

f. 視線

目は「心の窓」と呼ばれるほど、人の気持ちを忠実に表し、また「口ほどにものを言う」。目を媒介としたノンバーバル・メッセージの力は大きい。日本語には、「目」を含んだ数多くの表現があることに気づく。目に止まる、目をつける、目に浮かぶ、目に余る、目を盗む、見る目がある（ない）、目を疑う、目が利く、目が肥える、など、目の力を表したものから、目がきつい、鋭い目、いやらしい目、大人の目、など、目からその人の性格や考え方を読み取ろうとする傾向、さらに、ひどい目に逢う、怖い目に逢う、などさまざまな経験を表すものまで、幅広く使われている。

ノンバーバル・メッセージとして視線は、多くの、そして重要な機能を果たしている。話しかけたい、話してもいいだろうか、などの気持ちを表し、バーバル・メッセージの流れを調整したり、自分が伝えたメッセージに対する相手の反応に関心を持っていることを表したり、好きな人は一生懸命見つめるのに対して、嫌いな人とはあまり視線を交わさずに、関心や好意の低さを表したりするのに目を使っている。このように、手や身体全体の姿勢、などと比べると物理的にはずっと小さいが、目、

視線は対人関係では大いなる力を発揮するノンバーバル・コミュニケーションである。

　他のノンバーバル・メッセージと同じように、目や視線に対する意味づけも、やはり文化や社会、それに個人的な背景によって異なる。たとえば日本では、あまり人の顔をじろじろ見たり、初めて会った人の目をじっと見つめるのは、失礼にあたったり、傲慢だと思われる。これに対して、アメリカの白人社会では、たとえ初対面の相手でも目を見ないで話をすると、自信がない、本当のことを言っていない、あるいは馬鹿にしている、などのマイナス・イメージを持たれることが多い。目もやはり恣意的なシンボルである。

g. 人工物
　私たちは身体以外のものもメッセージを運ばせるシンボルとして使うことができる。衣服、アクセサリー、髪型や色、眼鏡、など身につけるものから、部屋の中の家具の配置、カーテンの色、生け花、壁に飾る絵など、ありとあらゆるものを使ってメッセージを伝えようとする。エピソードに登場したA・B、二人の学生を比べてみても、髪をきれいに整えているか、身につけているものは「学生らしい」か、面接に臨む真摯な態度を表すのに効果的なものかなど、見方によってはどうにでも解釈される。

　このように、本人にメッセージを送っている、という意識がなくても、受け手からすると強烈なメッセージが運ばれてきたり、逆に物足りなかったりする場合もある。服装、髪の色や形などよりも、中身が大切であるということは頭では理解できても、面接などの初対面の状況では、やはり目立つ部分にも注意を払うことが、メッセージの送り手としての初歩的なコンピテンスである。

　ここに挙げた以外にも、音、温度、匂い、明るさなど、コミュニケーション・コンテキストに存在するが、簡単にはコントロールできない条件もそれぞれメッセージを運んでいる。たと

えば、季節はずれの暑い日に冬物の洋服の販売をしようとしたり、資料の文字も見えにくいほど暗い部屋でプレゼンテーションをしたり、しかも、受け手の立場を考慮しないままでメッセージを送り続けても、説得力を期待することは難しい。すべての刺激を考慮し、適切な対処をすることは難しいが、それぞれの状況では受け手は意外なものから発せられるノンバーバル・メッセージにも意味づけを行なっている、ということだけは念頭に置いておきたい。

3 ノンバーバル・コミュニケーション・コンピテンス

どのような状況でも、ノンバーバル・メッセージが果たす役割は質、量の両面でたいへん大きいことがわかった。気心が知れているはずの家族、友人とのコミュニケーションでも顔の表情、口調などのちょっとした変化によってうまくメッセージの交換ができなかったり、初対面の相手とのコミュニケーション、たとえば、エピソードに登場した店長とアルバイトの面接にやってきた学生、医師と患者、店員と客などの間では、ことばよりも非言語メッセージの方が人間関係に大きな影響を与えることもある。何も言っていないのに相手から良い印象を持たれたり、嫌われたり、声の調子一つで誤解されたり、コミュニケーションがメッセージの送り手がまったく意図しない方向に行ってしまうのはやはり不本意である。特に日本人同士のコミュニケーションではことばよりも、立ち居振る舞いや視線などのノンバーバル・メッセージの方が多くの情報、感情を運ぶ場合が多いので、コンピテンスを習得、発展させるためには日頃の自分のコミュニケーションの様子をモニターして、チェックしておく必要がある。

a. 認識力を磨く

思っていることを相手にわかりやすいメッセージに託して伝

えることがメッセージ・コンピテンスの最終的なゴールであることは言うまでもない。そのゴールに到達する前に、まず、自分自身が普段からあまり意識することなく発しているノンバーバル・メッセージを振り返り、自分なりの評価をしておかなくてはならない。いつもにっこりと笑って人と会話をしているつもりでも、相手からはそう見られていないかもしれない。聞き取りやすい話し方をしていると思っていたら、周りの人は「何を言っているか、よく聞こえない」と思っているかもしれない。自分自身の顔を鏡に映してみたり、声を録音したり、またビデオに録画して、身体全体で発しているノンバーバル・メッセージの様子を一度観察してみると、これまで見逃していたり、思い違いをしていたりした顔の表情、視線、姿勢、声の調子など、新鮮な発見があるだろう。

同時に、周囲の人のノンバーバル・メッセージを新たな視点から観察してみると、興味深いことに気づく。目の前の相手をじろじろと見ると嫌がられるので、テレビ・ドラマに出てくる好きな俳優、逆にあまり好きになれない役者は、それぞれノンバーバル・コミュニケーションの点でどこがどのように違うのか観察してみよう。国会中継でも、議員や首相、大臣の答弁の非言語面にはどのような特徴があるのか、など観察の対象はいくらでもある。

ノンバーバル・メッセージは、送り手の意志にかかわらず、常に発せられ、コンテキストに存在するわけだから、いかにそれらの細かいところまで注意を払うことができるか、という認識コンピテンスが果たす役割は大きいはずである。

b. 自己モニターして試行錯誤する

バーバル・メッセージについても言えるが、思っていること、考えていることをノンバーバル・メッセージに託す際、自分が選んだメッセージを一歩はなれたところから観察し、さらに違った方法でメッセージを構築することができないか、いろいろと試してみよう。私たち人間には、それぞれの歩き方や身体の

使い方と同じように、コミュニケーションでも個人的な癖がある。一度習慣化したメッセージの作り方を変えるのはなかなか難しい。しかし、状況によっては自分の立場や、相手との関係によって、微妙に、あるいは大胆にノンバーバル・コミュニケーションのパターンを変える必要も生じる。

　たとえば、学生がいつも友達と話すような方法でしかコミュニケーションができないとなると、いざ就職面接のように改まった状況で人と接しなくてはならない場合、いつもとは違うノンバーバル・メッセージを急に発しようとしてもうまくいかない。日常のさまざまな状況で、自分のノンバーバル・コミュニケーションの癖を確認しながらも、これまでには使ったことがない話し方、顔の表情、相手との距離、などを試しておくと、自分のコミュニケーション・コンピテンスの幅を広げることができるかもしれない。

c. 相手からの反応、評価を求める

　コミュニケーションは双方向のメッセージの交換によって成り立つ。言いっぱなしや、ノンバーバル・メッセージの投げっぱなしでは、人間関係はうまく築けない。人から自分のコミュニケーションを観察してもらったり、意見を述べてもらったり、というのは照れくさいし、勇気がいる。しかし、声の調子や、顔の表情、その他全体的な雰囲気については、いくら自分で注意していてもなかなか気づかない。

　そこで、相手から直接、率直な意見、感想を求めることがコンピテンスの育成にたいへん役に立つ。たとえば、人前で話をする際、緊張して、声は上ずり、顔は紅潮して、見るにも聞くにも堪えない、と自信をなくす人が多い。緊張している、と思えば思うほど話しにくくなる。しかし、自分では緊張している、あがっていると思っても、聞く側からするとそれほど目立たない場合が多い。お世辞や気休めで、「良い話だったよ」と言ってくれることもあるかもしれないが、ノンバーバル・コミュニケーションの正確な評価は、相手から求めなくては、自分だけで

は判断できない。

d. ノンバーバル・メッセージの意味は相手次第

　バーバルもノンバーバルもシンボルを使ったメッセージである以上、それそのものに意味が固定されてはいない。使う人の頭の中に意味はある。だとすれば、コミュニケーションの最終的な結果や効果は、送り手が伝えたかった意味が、いかに受け手との間で共有されるかによって決定される。特にノンバーバル・メッセージの場合、ことばと違って後からもう一度まったく同じメッセージを繰り返すことが難しいので、受け手が最初にどのような印象を持ったか、ということが後々まで重要な鍵を握る。

　たとえば、人から名前を呼ばれて返事をする、としよう。自分では相手に聞こえるくらい十分大きな声で返事をしたつもりでも、何らかのノイズのために、相手に聞こえなかったとすると、返事をしていないのと同じことになる。学校の授業で、教師が出席を取る際、学生の名前を呼んでも返事が聞こえなければ、いくらその本人がその場にいて返事をした、と主張しても、欠席扱いになってしまうことだってある。返事が聞こえなかったほうに責任があるかもしれないが、ノンバーバル・メッセージから最終的に解読される意味は、受け手の自由意志にまかされている。

e. ダブル・メッセージに気づく

　バーバル・メッセージとノンバーバル・メッセージが指すことが異なる場合、ダブル・メッセージという。両者の間に明らかに矛盾があると、受け手は困惑する。たとえば、ことばでは「私はあなたのことを信じてる」と言っても、視線は相手の目以外の、どこか違うところに向けられ、声にも張りがなく、第一あまり聞こえないくらいの大きさで言われたとしたら、このメッセージを聞いた方は、どのように受け取っていいのか、判断に困ってしまうだろう。

ノンバーバル・メッセージの方が送り手の本心を表しやすい分、言う内容と、言い方との間に矛盾があると、メッセージの受け手は言い方を重視する。嘘をつくときの声の調子や、顔、身体の角度などは、本当のことを言う場合と異なる。思ってもいないことを口に出すと、相手から信用されないばかりか、話も聞いてもらえなくなる。

　バーバルとノンバーバル・メッセージから受け手が解読する意味を完璧に一致させることは至難の技なので、ある程度のダブル・メッセージは常に存在する。したがって、送り手は、自分のメッセージがどの程度ダブル・メッセージになっているのかをできるだけ敏感に認識して、ずれをできるだけ小さくする努力をすることが求められている。

Review Exercise

1. ごく最近の、親しい人とのやりとりを思い出してみてください。そのやりとりの中で、どのようなノンバーバル・メッセージが使われ、それぞれどのような影響を与えただろうか。バーバル・メッセージとの関係はどのようになっていただろうか。たとえば、どこかで待ち合わせていたとしたら、どちらがどの位先に来て相手を待っていたか。会ったときの最初のあいさつはどうやって交わされたか。どちらが先に声をかけたか。そのときの口調はいつも通りだったか、それとも何か嬉しいこと、困ったこと、悲しいことがあるような口ぶりだったか。相手とはどの程度の距離を保って話したか。身体を触れ合ったか、など細かい部分まで思い出してみて、ノンバーバル・メッセージの種類、機能、効果などを考えてみましょう。

2．日本のテレビ・ドラマと外国のテレビ・ドラマを比べてみよう。それぞれ３０分のテレビ・ドラマを選び、ビデオに録画して、再生する。その際、消音状態にして、俳優の身ぶり手ぶり、顔の表情、視線、姿勢、またさまざまな人工物、たとえば服装、アクセサリー、さらには部屋の特徴などを観察して、日本人と外国人のノンバーバル・コミュニケーションの相違点を探ってみよう。また、同じ外国のテレビ・ドラマでも、アメリカやイギリスなど欧米のものと、アジア、たとえば韓国のドラマなど、さまざまな国・文化のノンバーバル・コミュニケーションを比較してみるとどのようなことに気がつくか、検証してください。

3．友人と、ノンバーバル・コミュニケーションの特徴について、お互いの特徴を描写しあい、意見を交換しよう。日常の会話で、相手の癖やしぐさを指摘したり、批評したりするともめごとの種になりますが、「これからお互いの非言語コミュニケーションの特徴について、気がついたことを言おう」と、取り決めをします。できるだけ、正直、率直に、まず相手のノンバーバル・コミュニケーションの特徴を描写しましょう。その後、たとえば「ときどき声が小さくて何を言ってるのか聞き取れないことがあるよ。だから、特に大事なこと、はっきりと主張したいことは、大きな声で言ったほうが良いと思う」という具合に、できるだけ建設的な評価、提案をするように努力しましょう。自分では気がつかなかったノンバーバルの癖や特徴について、意外なことに気づかされるかも知れないのと同時に、相手の特徴を客観的に描写し、その上で自分の意見を述べる、という認識、メッセージ・コンピテンスを高めるのに役に立つでしょう。

第5章　認識コンピテンス

エピソード

社員旅行でハワイを訪れているグループを前に、アロハ姿の現地旅行社の係員が、到着後空港で滞在中の注意点について話をしている。

　アロハ！長時間の飛行機の旅、お疲れ様でした。着きましたよ、太平洋の楽園、ハワイに。これから1週間、楽しんでくださいね。
　楽しい思い出をたくさん作っていただきたいんですが、そのために、みなさんに守っていただきたい決まりと、注意していただきたいことがいくつかありますので、それを今からお話します。これからみなさんを、ホテルのチェックインの時間まで市内観光にご案内します。最初にアロハ・タワーに行って、記念撮影。それから自由行動です。その間にお持ちのクーポンで、指定のレストランの中から好きな場所を選んで、昼食を済ませてください。午後1時にタワーのところに集合して、その後、市内を少し回って、ホテルに向かいます。チェックインの際は、どなたか代表の方がフロントで全員分の鍵をもらって、それから各自、リストと照らし合わせて受け取ってください。部屋代はパック料金に入っていますが、電話代、その他の代金はチェック・アウトの際、フロントでお願いします。鍵は各自フロントに返してください。滞在中、パスポート、航空券、その他貴重品は部屋に備え付けの金庫に保管してください。荷物は、出発の日、空港までまとめて持って行きますので、午前5時30分までに、部屋の前の廊下に出しておいてください。このとき、保安上の理由で、スーツケースには鍵をかけないでください。鍵をかけていると、空港の荷物検査で壊される場合があります。ロビー集合は午前7時30分です。そのとき、皆さんのパスポートと、航空券をまとめてお預かりします。それから、滞在中、ビーチに行くときは……。

このあとも、ハワイ滞在中注意すべき点がいくつか説明され、市内観光の後、ホテルに向かい、いよいよ自由に楽しめる時がやってきたが…。

海外旅行は今回が初めて、という社員Aは見るものすべてが珍しく、横を通り過ぎる、さまざまな国から今到着したばかりの人や、周囲の景色をキョロキョロ見回しながら、
「もうそんな話、どうでもいいから早くビーチに行きたいよ。ホテルのことなんてどうせ行ってみなきゃ様子は分からないんだし。それに、ハワイは日本語も結構通じるし、日本人観光客もこれだけいるんだから、心配しなくていいさ。子ども扱いするのは、いい加減やめてもらいたい」という気持ちで話を聞いている。
　滞在中、社員Aは、帰りの航空券を失くした。後から聞いてみると、日本を出発する際持っていた航空券は行きの分で、帰りの分はまた別に配られる、と思っていたらしい。さらに、出発前日、遅くまで飲み歩き、スーツケースを部屋の前に出すどころか、集合時間にも遅刻し、グループの空港到着が遅くなって、免税品店で買物をする予定だった他の社員にも迷惑をかけた。

　コミュニケーション能力が優れているか、そうではないかは、メッセージの送り手として、いかにうまく情報、感情を人に伝えることができるかによって判断されがちである。しかし、メッセージ・コンピテンスを高めるためには、送り手としてのみならず、受け手として、対人関係の状況で周囲の刺激を敏感にとらえ、そして正確に、適切に理解、判断、反応する能力が必要である。社員Aは、人の話を聞く能力が十分ではないために、与えられた情報をうまく理解し、それを自分自身にあてはめて適切な行動をとることができずに、後でたいへん困ったことになってしまった。
　見る、聞く、触る、匂う、味わう、の五感を使って刺激をとらえ、整理し、意味づけをして、記憶し、適切な反応をする一連の過程を「認識」と呼ぶ。コミュニケーションの相手や、状況をどのように認識するか、という問題は心理学の領域に入るが、対人コミュニケーションと密接なかかわりを持っている。認識は、送られてくるメッセージの解釈、それぞれの状況での行動の選択、コントロールに影響を与える。逆に他者とのコミ

ュニケーションが、その相手や周囲の状況を見る目、つまり社会認識を形成する。このように、認識とコミュニケーションとの間には双方向の、密接な関係が存在する。

　コミュニケーションといえば話す、書く、というメッセージを発する能力に主眼を置きがちだが、認識もシンボル活動としてとらえ、コミュニケーション・コンピテンスの一環として、日常生活の中で常に向上させる努力をすることが、人間関係を豊かにすることに役立つ。話し上手と同様、「認識上手」、特に聞き上手になるにはどのような努力が求められているのか。「聴く」（リスニング）コミュニケーションにスポット・ライトを当てて考えてみよう。

1 認識のメカニズム

　私たち人間は、常に無数の刺激に囲まれている。動物も同じように、あるいは人間以上に強く刺激を感じる。たとえば、犬の嗅覚は人間の数百倍鋭く、イルカやクジラは遠く離れたところから来る音を聞き分ける能力がある。しかし、決定的な違いは、人間には入ってきた刺激を過去の経験や、そのときの状況に応じて頭の中で整理し、意味づけを行なうことができることである。

　刺激そのものに意味があるのではなく、取り入れた後意味づけをする、ということは、認識も人間のユニークなシンボル活動であることを表している。刺激を感じ、意味づけをするのは一瞬のことなのだが、認識の過程は、感知、選択、理解、判断のステップに分けられる。自らの認識の特徴、長所、問題点などを把握しておくことは、豊かな対人関係に直接つながる。

a. 感知

　初の海外旅行で、ハワイに到着したばかりの社員Ａの周りは刺激であふれている。暖かい気候、甘い花の香りを運ぶ風、

広々とした空間、空港内で流れているアナウンス、音楽、行き交う人たちの服装、顔の表情、立ち居振る舞いなど、すべてが初めて見たり聞いたりするもので、刺激的である。また、外部だけではなく、自分の内側から来る刺激もたくさんある。時差、長旅による疲労、空腹、のどの渇きなどの生理的な刺激や、ハワイを初めて訪れて浮き浮きした気持ち、「ことばは通じるだろうか」、「お金は足りるだろうか」といった不安などが引き起こす心理的な刺激である。

　刺激を感じる能力は動物も人間も備えていて、動物の感触の方が鋭い場合もある。しかし、人間だけが、自分が何かを感じている、ということを認知することができる。「飛行機の中でほとんど眠れなかったから今疲れているんだ」という自らの生理的状態を客観的に認知することは人間のユニークな能力である。自分自身を一歩離れたところから観察することができるのは、人間のシンボル能力のおかげである。

b. 選択

　社員Ａは、周囲を見渡せば無数の刺激があふれ、内側からも物理的、心理的刺激が競合しながら五感をくすぐる状態に置かれている。それに加えて、旅行会社の人が、次から次へと新しい情報（刺激）を与えている。感じるすべての刺激に注意を向け、理解して自分のものにすることは到底できない。

　そこで、多くの刺激の中から、どれを取り入れるか、注意を払うか、選ぶ必要がある。どの刺激、情報を選び、どれを無視するかは、そのときどきに使う「認識の枠」によって支配される。旅行中の注意点についての話だけを選び、ほかの刺激は無視すべきなのだが、周囲を歩いている人や、空港のスピーカーから流れてくる声や音がそれを妨げる。飛行機の中で我慢していたので一刻も早くトイレに行きたいと感じると、生理的欲求の緊急性の方が高いので、添乗員の話はシャットアウトされる。話を聞いているふりをしながら、トイレを探す目はキョロキョロ、頭の中では「あと何分で解放してもらえるんだろう」、「そ

れまで我慢できるだろうか」という「声」が心理的ノイズとしてコミュニケーションに影響を与え、添乗員の話に集中する邪魔をする。

　どの認識の枠が使われるかは、状況の特徴、メッセージの受け手の生理的状況、心理状態、性格、あるいはメッセージ、送り手に対する先入観など、さまざまな要因に影響を受ける。自分自身の認識の枠を常に意識することは不可能だが、どのようなコミュニケーションの場面でも、そこに参加する人全員がそれぞれ異なる認識の枠を持っていて、入ってこようとする刺激をフィルターにかけているという事実を知っておくと、コミュニケーション・コンピテンスの向上が期待できる。

c. 理解

　刺激を感じ取り、興味があるものに焦点を絞り、次はそれに意味を与える。人がそれぞれ持っている認識の枠は、過去の経験、それまで育ってきた環境の中で作られた価値観、宗教観、そしてそのときの心理、生理状態などに影響を受ける。新しく感じ取った刺激を理解する、ということは自分が持つ認識の枠の中に取り入れた刺激に、自分なりの意味づけをする、ということと等しい。

　ハワイに到着した一行も、入ってくる刺激にそれぞれの過去の経験や、そのときの気分によってさまざまな意味づけを行なう。社員Aは、初めての海外旅行、時差ぼけ、それに周囲の他の刺激に影響を受けている認識の枠組みを無意識のうちにあてはめて、旅行会社の社員の話に自分なりの意味づけをしようとしている。話を聞いて、頭の中に作り上げる「知識」はその人のそのときのシンボル活動の産物である。したがって、同じ話を聞いていても、聞いている人たち全員が理解した内容がまったく同じということはまずありえない。

d. 判断

　理解の段階で、取り入れた刺激に意味付けをして、それらを

新しい情報として頭にインプットした。そのあと私たちはそれらの情報を単なる客観データとして保存するのではなく、個人的な価値を付加する。取り入れた刺激に名前をつけて（ラベリング）、情報、知識として個人化して蓄積するのである。

　社員Ａにとっては、今回が初めての海外旅行であるのに対して、外国にはこれまでに何度も行き、ハワイもこれで三度目という社員Ｂがいる。ＡとＢとでは、性格の違いもあるが、海外旅行の経験の差によって、同じ刺激、情報にも異なる意味付け、価値判断をする。これまでの海外旅行で、パスポートと航空券の大切さを知っているＢは、旅行社の係の「金庫に保管するように」という注意がたいへん重要である、という判断をする。一方、海外初体験のＡにとっては、パスポートに押してある出入国の証明は記念スタンプにしか見えないし、帰りの航空券も往路の分の半券、紙屑としか判断しないかも知れない。同じ物や刺激、情報に対して違った解釈、判断をするのは、それぞれの個人の過去の経験や、価値観の相違によるものである。

2 認識プロセスの個人的特徴・問題点・対人コミュニケーションへの影響

　私たち人間は、五感を使って周囲の刺激を感じ、取り入れた刺激に対して意味づけや価値判断を行なった上で、自分の情報、知識として個人化する。メッセージの送り手が意図したとおりに受け手が個人化するかどうか、両者の間にどの程度のずれが生じるかによって、コミュニケーションの効果が決まる。ハワイに到着した社員旅行のグループに旅行中の注意点について話をしている現地係員は、自分では聞きやすく、分かりやすいと思うメッセージを発しているつもりだが、聞く側はそのメッセージに含まれる、最も大切な点を果たして十分理解しているだろうか。コンピューターを使えば、膨大な量の情報を瞬時に、しかも正確に送ったり、受け取ったり、蓄積することができる

が、人間だと、そのときの気分や性格、また過去の経験や、育った環境など、さまざまな要因が認識のプロセスに影響を与える。中には、情報の伝達を円滑、効果的にする要因もあるが、マイナス要因もたくさんある。

a. 物理的な要因

　ホノルル国際空港の片隅で旅行中の注意について話を聞いている状況では、周囲の物音、他のグループの人たちの往来、旅行社員の声の大きさ、外の様子、たとえば空模様、気温、部屋の明るさなどが認識に影響を与える。日本では寒い季節にハワイに行けば、暖かいと感じるし、逆に湿度が高く、暑さが厳しい真夏に行けばハワイは涼しいと感じる。同じ気温、湿度でも、それを感じ取る人間の物理的条件によって影響を与えられた認識の枠組みが変化し、同じ刺激でも違って感じられる。

　甘いお菓子を食べた直後に果物を食べるのと、最初に果物を食べた場合では、同じものを食べても違った味に感じられる。ハワイのレストランについての話も、一刻も早くホテルに行って眠りたいという人と、お腹が減って今すぐ何か食べたい、という人とでは、注意の向け方が違う。同じ情報でも、物理的な環境が異なれば、意味づけはもちろん、その刺激に注意を向けるかどうか、という感知、選択の段階から大きく異なった刺激として感じ取られる。

　物理的要因をコントロールすることは容易ではない。騒音がひどくて人の話が聞こえないような場合は、静かな場所に移動したり、話し手に近づいたり、あるいはもっと大きな声で話をしてもらったりすることができる。しかし、外の気温を変えたり、降り注ぐ雨を止めたりすることはできない。そのような場合でもコンピテンスが高いコミュニケーションに努めるには、メッセージの交換の状況を取り囲む物理的な要因と、それらによってコミュニケーションに参加する人たちがどのような影響を受けているのか、ということを敏感に感じ取り、少しでもコントロールしよう、という気持ちを持つことだろう。

b. 選択にともなう要因

　外部からの影響をコントロールするには限りがあるが、人間の内側から生じる要因をどの程度察知し、それらが刺激の認識にどう影響しているかを考え、認識力を正確にし、伸ばすように努めるのが認識コンピテンスである。

　私たちは、すべての刺激に対して常に完全に公平な態度で臨んでいるわけではない。たとえば、自分にとって都合のいいことは耳や目から入って来やすいのに対して、都合が悪いことは見たり、聞いたりしたくなかったり、入ってきても見なかった、聞かなかったことにする。また、心理状態によって集中したいと思っている刺激に集中することができないこともある。

　刺激の選択にともなう要因として考えられるのは、無関心、細かいことや周辺部への関心、別のことへの関心、ハロー効果などがある。無関心は、刺激や情報が提供されているにもかかわらず、「こんな話聞いてもつまらない」、「いつまで分かりきったことを話してるんだ」と、最初から話の内容に耳を傾けようとしない状態である。ホノルル空港で旅行社の係が滞在中の注意について話をしているのに、「どうせ分かりきったことを言ってるんだろ」とか、「何度も来たことがあるんだから、子どもに言い聞かせるようなこと、もういいよ」という気持ちで耳を貸さないから後で困ったことになる。

　話の一番大事な部分ではなく、その周辺部、あるいは全然関係ない細かい部分に注意を向け始めると、メッセージの送り手が一番伝えたい、分かってもらいたい、と思っている情報を遮断することになる。ハワイでの説明会に現れた現地社員の服装、日焼けの様子、「あのー」、「えっとー」や、身振り手振りなどの話をするときの癖、などに気を取られている間に大事なことを聞き逃してしまう。

　別のことへの関心は、「心の漂流」や、空想、夢想とも呼ばれるとおり、身体と顔は話をする人を向いていても、別のことを考えている状態を指す。私たち人間が頭の中でことばやイメージなどのシンボルを使って、過去のこと、将来のこと、あるい

は遠く離れたところにいる人のことを思い起こすことができる限り、心の漂流はどんな場合にも起こる。ハワイに着いた後、日本に残してきた家族、友人のこと、または、家の戸締りをしたかどうか、エアコンは切ってきたかどうか、など別のことを考え始め、それに気を取られると、目の前の話を取り入れるどころではなくなる。

　ハロー効果のhaloとは、「後光」を指している。初対面の人と話をする際、その人の過去の名声、あるいはそのときの際立った服装、特に目立つ顔の表情などに目がくらんで、その相手を直視したり、正確に認識したりすることが困難になる状況を表す。目鼻立ちがよく、スタイルも抜群な俳優が演技をすると、外観にばかり関心を奪われて、せりふがほとんど耳から入ってこなかったり、他の役者の演技、芝居全体の流れは上の空になり、後になって芝居がどんな内容だったか思い出せないのはハロー効果の影響といえる。過去、すばらしい業績を残したり、著名な人と血がつながっていたり、あるいは大きな事件を起こしたような人が、今ここにいる自分を見てもらえない、という不満や不公平感を抱くこともある。ハロー効果もやはりシンボル活動のひとつの産物であり、人間らしさの一部であることは間違いない。認識コンピテンスの向上のためには、その影響に対する気づきを高め、コントロールすることがコミュニケーションの達人の責任である。

c. 意味づけにともなう要因

　さまざまな要因が認識に影響を与えるが、理解、判断の段階ではその影響はさらに複雑化する。取り入れた刺激に意味づけ、個人化して最終的に判断する段階は、人それぞれの過去の経験、性格、育ってきた環境、文化の影響、また状況の特色、相手との人間関係など多岐にわたっているからである。

　刺激に意味づけを行なう理解の過程を、部屋を片付ける過程にたとえてみる。雑然と部屋に置かれているものが刺激で、私たちの頭が整理棚である。部屋には本や書類、衣類、食べ物、

食器、パソコン、プリンター、オーディオなどの機械類などさまざまな物が散乱している。それらの物を区別せずに全部押入れやクローゼットに押し込んでしまうと、次にそれらを使うのがたいへんになるだけではなく、収納スペースも効率よく使えなくなる。そこで私たちはいろいろな物を効率よく整理し、使いやすくするために収納棚を設ける。どのような棚を作るか、それぞれの棚をどう区別するかは個人によって異なる。

ある人にとっては大切な物、たとえば雑誌は他の人にとっては邪魔なごみにしか見えないかもしれない。私たちが頭の中に持っている「認識の棚」をスキーマと呼ぶ。スキーマは、それまでの経験や環境の中で作り上げられた知識の枠のようなもので、入ってくる刺激に意味づけを行なう上で欠かすことのできない働きをする。自分自身がどのような種類のスキーマを持っていて、それぞれがどのようにして形成されるのか、ということを理解することは認識コンピテンスをはじめ、コミュニケーション力全体の向上に役に立つ。

スキーマの代表的なものが、プロトタイプと呼ばれる、個人的な認識の枠組みである。私たちは、経験することに対して「典型」、あるいは「…らしさ」とも考えられる型を頭の中に描くことが多い。認識の枠をあらかじめ持っているから、初めて出合った刺激でも何とか「…らしい」、「…らしくない」という意味づけができる。

たとえば冒頭のエピソードを読んで、「日本人らしいな」と思われる方も多いことだろう。グループで行動し、観光地を駆け足で巡り、お土産屋で大量の買物をし、ところ構わず写真を撮る日本人旅行者を典型として頭の中で描いているので、エピソードを読んでこのように考えるのだろう。新しい刺激に意味づけを行なうには、頭の中の棚、つまりプロトタイプを使って整理した上で理解し、自分のものにする。雑然とした刺激を感じて不安に感じるのは自然なことだが、不安を最小限に抑え、自分を安心させるためにもプロトタイプが力を発揮する。しかし、ある人が「当たり前」というプロトタイプを当てはめることに、

他の人は「非常識」という枠を当てはめることもある。自分で勝手に作り上げたプロトタイプを外からの刺激に無理やりあてはめようとすると、ある人を見て「女（男）らしくない」と自己中心的な理解、判断をしてしまう。

ステレオタイプも一種のスキーマである。あるグループに属する一人の人に出会い、その人が持っている特徴は同じグループの他のメンバーも全員持っている、と思い込む。これまでに一度だけ米国人と話をしたことがある、としよう。その人は明るく、話好きで、自分の思ったことをはっきりと素直に表現する。一人だけの米国人との経験から同じグループ、つまり「米国人」という、自分の頭の中の整理棚に収納したひとつのグループに属している人はみんな同じような特徴を持っていると決めつける。言うまでもなく、人種、文化、宗教などが入り混じった米国には、さまざまな人がいて、「米国人とは…」という一般的な特徴を当てはめることは難しいし、危険でもある。米国人に日本人のステレオタイプを尋ねてみると、「控えめ、遠慮がち、ていねい、思いやりがある、行儀が良い」などの答えが返ってくる。文化が比較的均一であるとされる日本人でも、全員がこれらの特徴を共有しているわけではない。

d. 錯覚

どのような刺激も人間の知覚のフィルターを通して初めて「熱い」、「固い」、「優しい」、「暗い」などの名前をもらう。しかし、私たちは経験や、そのときの気分などによって、同じものに接しても随分違って感じることもある。意図的にはコントロールできない、しかし私たちの認識に大きな影響を与えるのが錯覚である。刺激が置かれている状況、それらと私たちの認識の癖とが複雑に作用しあいながら、正確に刺激を受け入れることを妨げている。また刺激そのものが、正確な認識を困難にするような場合も少なくない。

たとえば、図5-1の2組の文字列はどのように見えるだろうか。

▼図5−1

12 13 14　A B C

　左の文字列の真ん中の文字は13で、右の文字列の真ん中はアルファベットのB、と読むのが普通だろう。しかし、よく見てみると、両者とも同じ文字で、12と14に挟まれていれば13に、AとCの間にあればBに見える。このように私たちは、同じ刺激でもその背景によって、自分たちの都合の良いように解釈している。12、B、14や、A、13、Cという組み合わせでは落ち着かない、不快感を催すので、どうしても気持ちをすっきりさせるためにこのように読んでしまうのである。
次に図5−2にはどうだろうか。

▼図5−2

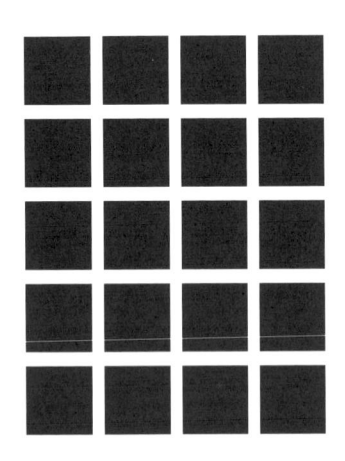

　黒い正方形の集まりに見える。そこで、白い線が交わりあっているところを少し離してぼんやり見ると、灰色の点が目に入ってくる。次にそれぞれの灰色の点を追って本を近づけてみると、実際にはそんなものはないことに気がつく。刺激の特徴と、私たちの頭の中にある「何とか意味を持たせたい」という気持ちが作用して、情報、刺激を意味あるパターンとしてとらえよ

うとする。

　同じものでも違って見えたり、ないものを勝手に頭の中で想像したり、逆にあるものをなかったことにする、というのは人間の「得意技」とも言える。しかし、あまり頑固に自分の感覚だけを信頼して、違った考え方や見方を取り入れることができないと、対人コミュニケーションでは大変困ったことになる場合も多い。図5－3で、頭の柔軟性を確認してみよう。図にあるのは、9個の点である。これらの点をすべて4本の直線でつないでみよう。ただし一筆書きで。一度来たところをなぞったり、逆に行ったりはできない。答は章末にある。

▼図5－3

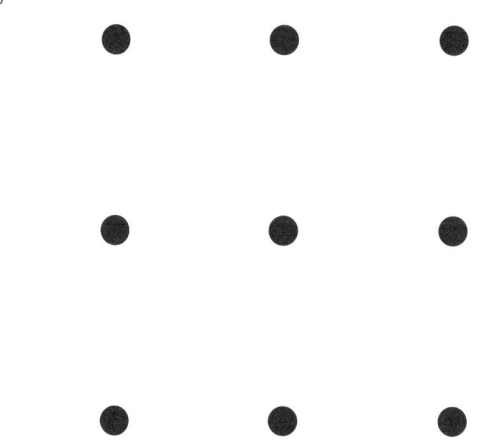

　頭をやわらかくして、意外な角度から見ないとできない問題である。また、あくまでも9個の点であることを忘れないように。この点を見た瞬間、外側の8個の点を結んで、頭の中で正方形を作ってしまってはいないだろうか。そうすると、どうしても真ん中の点を結ぶことができない。

　このように、冷静に考えたり、ちょっとしたヒントをもらうと難なく解ける問題でも、あわてたり、多くの刺激を一度に受けたり、また何としても意味を持たせたい、理解したい、という気持ちが強いと思わぬ見間違い、聞き違い、思い違いをする。

第1部　コミュニケーションの基本的概念　105

シンボル活動をする以上、ある程度の錯覚、誤解は仕方ないのだが、自分の認識が誤っていたことを発見したら、いち早く訂正する勇気と、そもそも自分の見方には誤りがあるかもしれない、ということを肝に銘じるだけでも認識コンピテンスを高められる。

3 認識コンピテンスを向上させる：リスニング力アップ

　コミュニケーション・コンピテンスは、メッセージを発する際の力量に加えて、相手からのメッセージを敏感にとらえ、正確に、また的確に理解する能力も必要としている。対人コミュニケーションの際特に重要なリスニング、つまり聴く力に焦点を絞ってコンピテンス向上の具体策を考えてみよう。

　ホノルル空港で、旅行中の注意についての話を聞いていた「はず」の会社員だが、その後実際に取った行動から判断すると、与えられた情報、刺激をうまく取り入れられなかったようである。聴く、というコミュニケーションにはどのような要因が影響を与え、また的確な情報の処理にはどのようなコンピテンスが不十分だったのか考えてみたい。

　コミュニケーションを話す、聞く、書く、読むという4つの能力に分けると、一日の間で聞いている時間が最も長い。ところがこれらの能力の中で最もおろそかに扱われているのも聴く能力である。小学校では教科書を読み、作文を書き、それを発表する（話す）能力を伸ばす教育をする。ビジネスの世界でも、速読、文章表現力、プレゼンテーション能力を伸ばす努力はするが、聴く力を伸ばすための努力は意外なほど大切にされていない。聴くコミュニケーションは黙って人の話を聞く、という消極的な行動と思われるかもしれないが、相手のコミュニケーション、相手との人間関係にも大きな影響を与え、同時に自らコントロールできる積極的なシンボル活動である。

a. リスニングの意味：「聞く」と「聴く」は違う

　英語の hear と listen という動詞の差はちょうど日本語の「聞く」と「聴く」との違いに似ている。どちらも「きく」と読むので違いがはっきりしないが、文字にしてみると差が感じられる。「聞く」は音や声が耳に入ってくる、「聞こえる」という受け身の生理的現象を指している。それに対して「聴く」は耳だけではなく、目や触覚を通して入ってくる刺激をも意識的に処理する行為である。耳から入ってくる刺激を、すべての感覚を通して取り入れる刺激と合わせて、意味づけを行うプロセスが「聴く」である。耳で聞き、身体全体で聴く、と考えることができる。

　リスニングは、人の話、音楽、動物や鳥、虫の声、物音を聞き、処理し、記憶し、さらに反応をする行為、プロセス全体を指している。聴く力は自然に身につくのではない。人前で話をしたり、説得したりするのに必要なコミュニケーション力と同様に自発的、積極的な努力が必要である。

　リスニング力には次の三段階のレベルがある。低い方から見ると、最初が聞いていない、あるいは聞こえない状態である。メッセージの送り手と受け手との距離が遠すぎたり、雑音で話が聞こえなかったりする場合や、聞き手がまったく別のことを考えている状況である。相槌を打ったり、うなずいたりしながらも話を聴いていないことが私たちにはよくある。ホノルル空港での旅行客のリスニングはこのレベルである。

　次が話や音をただ単に聞いている状態。耳から音が入ってきていることを認識し、一応記憶もするが、表面的、受け身的なレベルから前に進んでいない。授業中先生の話を聞き、一心不乱でそれを一語一句ノートに書き移すのがこのレベルである。先生の話が論理的につじつまの合わないものであっても、そのことに気が付くこともなくただ機械的な反応をするうちは本当に話を聴いているとは言えない。入ってきた刺激、情報に意味づけ、判断をして、自分のものとする努力が欠けている。

　最も意識的な状態が話や音楽をメッセージとして受信し、そ

れを処理し、個人化するプロセスを意識したレベルである。ここには考えるというシンボル活動が含まれる。声や音を耳で知覚し、その刺激に的確な意味を与えたうえで、解釈、評価し、さらにその評価に基づいた行動をとるところまでが聴くという行為として含まれる。聴くコミュニケーション、リスニングは、知覚、思考、解釈、評価、行動を含む一連の過程を指している。

b. 非効果的なリスニング

　リスニングは受け身の生理的現象ではなく、入ってくる刺激に意図的、能動的に対処するコミュニケーション行為である。日常の対人関係においては効果的なリスニングを妨げる要素が数多くある。コンピテンスを高めるには、これらの妨害要因を的確に認識し、状況に応じた適応策をとるための知識、能力を要する。そこで、まずリスニングの妨害となる要因を理解しておかなくてはならない。

①無関心

　リスニングは自然に起こるものではない。聴く力を高めるためにはまずメッセージの送り手、そしてその内容に対して関心を持つことが最低の条件である。相手や話の内容に関する憶測、予断はメッセージに対する関心をなくしてしまう。「どうせつまらないだろう」という態度では話の内容は聞き取れないだろう。

　話し方が一本調子であったり、過去同じ人から退屈な話を延々と聞かされたので期待がもてないと思ったり、話し手に対して偏見を抱いていたり、話題そのものに対して興味を感じないような場合はリスニングが難しくなる。しかし、どのようなメッセージも、聴き方によってはおもしろくもつまらなくもなる。まずは「この人は何を伝えようとしているんだろう」、「どうしてこの人はそう思うんだろう」という好奇心を持って臨むと話をする側も伝えたい、という意欲が湧いてくる。対人コミュニケーションは双方の関心の相乗効果に影響を受ける。

②詳細への過剰な関心

　講演、授業などで講師や先生は例、統計、比較、引用などを使って重要な点をわかりやすく説明したり、あるいは聞き手の注意を引くために冗談を言ったり、聴衆に質問をしたりする。これらは聞き手が主旨を理解しやすくするための道具であって、たとえ話やジョークがスピーチや講演の目的ではない。ところがそのことを忘れると、要点を支えるための資料にばかり注意を払い、結局何についての話だったか分からなかった、「木を見て森を見ず」という結果になってしまう。大学の授業でも学生が冗談に反応してくれるのは嬉しいが、あとになって「先生、何の授業だったか忘れましたけど、あの話はおかしかったですね」と言われても戸惑う。

　送り手の非言語コミュニケーションにあまり関心を持ちすぎてもリスニングに悪い影響を与える。ことばだけではなく、その周辺部分にも注意を払って、身体全体で聴こうという態度は良いのだが、行き過ぎは逆効果である。たとえば話し手の声の大きさ、高さ、速さ、イントネーション、あるいは方言の特徴、服装、顔、髪、眼鏡などに関心を払いすぎると話の内容への関心が不足しがちになる。ホノルル空港で話を聞いているはずの旅行者も、係の人のアロハシャツの柄に目が行き、話し方から日本のどこの出身なんだろうかと思い、視線の行方を気にし始めた頃には、大事な説明は終わっていた、ということにもなりかねない。

③情報過剰

　情報化社会といわれる現代、われわれは情報の氾濫の渦に巻き込まれがちである。情報は多様化、複雑化していく一方である。かつては専門家だけにしか用のなかった医学、物理、天文、環境、コンピューター、政治、教育などの分野は今ではごく一般の人でもかなりの程度の情報をもっている時代になった。しかし、人間の情報処理能力、記憶力にはおのずと限界があるので、次から次に各方面から飛んでくるメッセージのひとつひと

つに耳を傾けることは不可能である。あまり欲張りすぎると情報の許容量に対して飽和、過剰の状態に陥り、それ以上新しいことを吸収することが不可能となる。

　最初から新しい、あるいは難解と思われるような情報を避けることもある。たとえば医者との会話の中でわからない用語が出てきても、説明を求めることを面倒臭い、恥ずかしい、あるいは「聞いてもどうせ分からないだろう」という気持ちからそのままにしておくのはリスニング力が高いとは言えない。このような行動が慢性化すると、困難が予想される状況を最初から避けるようになる。外国人から道を尋ねられても、その場から逃げようとする人はこの例である。よく聞いてみると日本語で話しかけているのに、相手の顔を見た瞬間「自分には外国語がわからない」という判断をしてしまう。

④聞いているふり
　人の話を上の空で聞いたことは誰にもある。急いでいるときに知り合いと会って、時間を気にしながら、しかし同時に相手の気を悪くしないような素振りをしながら話を聞き流したり、あるいは授業中先生と目があって、うなずいたり、笑顔を見せながらも実は全然違うことを考えていたとすれば話し手に対する見せかけの関心である。その時は何の問題も生じないとしても、繰り返しそのような行動をとると深い誤解の原因になり、誠意を疑われて信用を失うことにもなりかねない。

c. リスニング力を高める方法
　音や声が耳から入ってくる、受身的な「聞く」に対して、「聴く」は相手のことばだけを聞くのではなく、相手の気持ちや置かれている状況に自らを置いて、相手全体を聴くことである。能動的、自発的、意図的行動である以上、能力を高めるには積極的な働きかけが必要である。努力をすることによって上手にすることができるし、逆に言えば、そのうちうまく「なる」ものではない。具体的にどのような方法で聴く力を高めることが

できるか考えてみよう。

①積極的にコミュニケーションに参加する

　メッセージを送るのと受けるのとでは、一見正反対の行為だが、実は表裏一体の関係にある。聴いてくれる人がいなければ話はできない。聞いている側が与える話し手への影響は大きい。一生懸命話をしても相手から何の反応も返ってこなかったら、話している方はどう感じるだろうか。人前で感情を表すことを美徳と考えてこなかったからか、日本文化では話を聞く際の反応が静か、あるいは乏しいことが多い。コンピューターを介して情報のやり取りをする機会が多くなった現代、特にこの傾向が顕著になったように思える。

　感性が強く、感情表現が豊かなはずの高校生、大学生も気持ち悪いくらい無反応、無表情で授業を受ける姿をよく見かける。雰囲気を和ませるために、笑わせようと思って言ったジョークにも冷たい反応しかしないと、話す側も乗りが悪くなり、その後の話もパサついたものになってしまう。そうなると余計反応が悪くなり、話す側も大事なこともそぞろに話を切り上げる、という悪循環になる。

　このような、「聞いてやってもいいから、勝手にしゃべれば」という投げやりな態度は高校生や大学生に限ったことではない。地域での講演や、企業の研修などでも見られる光景である。講師が話をしているのに、隣の人と私語をするなど、聞き手としての責任を最初から放棄した、またコミュニケーションを通して気持ちを共有しようとする人たちを妨害する行為である。私語をしたり、話している人を無視したりする人に限って、「話がつまらない」、「話が下手」といった評価をする。

　話すと聴くは双方向の関係にある。聞く側のリスニング力が不十分だと話す側がやりにくい、そして話し方が上手ではないから聴く気になれない、という悪循環に陥る。ひとつの演説で歴史を動かす、という伝統がない日本文化では話をするというコミュニケーション行為が形式的なものと考えられる傾向があ

る。そのため、国会議員が行なう演説や質問と回答、裁判での検察と弁護側のやり取りも、また会議での情報交換も文書に依存し、口頭でのコミュニケーションはその内容の確認、という場合が多い。

　伝統や文化は大切にするべきだが、目の前にいる相手との円滑、効果的なコミュニケーションを可能にする能力も身につけておきたい。ハワイの旅行会社の係と旅行者も、お互いが責任を持って大事な情報の交換、共有のプロセスに参加する、という気持ちで臨めば、メッセージのやり取りは適度な緊張感をともなった、真剣な共同関係にすることができる。話す方にも、聴く方にも張り合いが感じられ、大事な情報を必要最小限の時間で効率よく、正確に伝達、交換できるはずである。

　聴くコミュニケーションは消極的、受身的行為ではない。積極的に参加することによって話す側の能力を引き出すこともできる。聴き上手になると、話をする人と共感することもうまくなり、自分が話す側に回ったときに、聞き手の気持ちになってメッセージの組み立て方、話の仕方に工夫を加えることもできる。ホノルル空港の旅行会社の人も、周囲のノイズ、聞いている人たちの気分、気持ちなどをもっと考慮して注意事項を話していれば、退屈させない、インパクトのある、そして聴きやすい話し方ができていたのかもしれない。

②**非言語リスニング力を高める**

　リスニングは耳だけではなく、身体全体を使ってメッセージを聴くことなので、目、顔の表情、視線、姿勢、相手との距離、服装、などリスニング力の重大な部分を占めるのが聞き手の非言語コミュニケーションである。ハワイ滞在中の注意事項について気持ちを込めて話そうとしても、手はポケットに突っ込んだままの旅行客から大きなあくびと、うつろな目、退屈そうな顔が向けられ、立っている姿勢からは「早く終われよ」というメッセージが読み取られる状態では、一生懸命話す気は失せてしまう。

そこで、相手からのメッセージを正確に理解し、役立つ知識を得るためには、**聞き手**として受身の姿勢で臨むより、**聴き手**としてコミュニケーションのプロセスに積極的に参加して、メッセージの送り手が話しやすい状況を作るのに協力する方が効果的である。そのためには、まず身体全体から常に発している非言語メッセージに注意を払う必要がある。すべての非言語能力を同時に改善することはできないので、リスニングのプロセスに特に影響を与えるものから気づきを高め、コンピテンスを高める努力を始めてみよう。

　リスニング能力を高める具体的な非言語行動として、姿勢、視線、頭の動き、相槌や感嘆表現などの周辺言語、などが考えられる。まず、話し手の方向に身体を向けると、メッセージの流れを円滑にすることは容易に想像できる。ホノルル空港での説明も、旅行客が円を作って、それぞれが説明をする人に身体を向けるのは、効率よくメッセージが受け取られるよう工夫された結果である。その中で、一人だけ横や後ろを向いているとしたら、話し手だけではなく、他の旅行客も不思議に思ったり、不快を感じる。また、病院で医師が背中を向けたまま症状を尋ねたり、治療方法を話したりしても患者は安心できないだけではなく、医師に対する不信感が高まる。

　話を聞くときの姿勢もコミュニケーションに影響を与える。腕組みをしてふんぞり返った人と、少々前かがみでときどき肩に手を当ててくれるような人とではどちらの方が悩みを相談しやすいだろうか。話をするときの姿勢は長年の癖である場合が多いので、意識して自分の姿勢が話し手にどのような影響を与えているのか、自己チェックしてみよう。

　次に話し手の顔、特に目に視線を向ける。目は心の窓とも言う。話し手の目を見れば、それだけで「私はあなたの話を真剣に聞いている」というメッセージを送るだけではなく、聴き手は話し手の非言語メッセージに注意を払うことができる。話の信憑性、意図、あるいは裏に隠された微妙な感情などは言語メッセージよりも非言語メッセージによって正確に表現されるも

のなので、聴き手は話し手に目を向けることによってメッセージのニュアンスを読み取る努力が必要である。

　非言語メッセージは身体全体を使って送り出すが、「ふーん」、「へぇー」、「そう」、「えっ」、など言葉とは呼べないような声、つまり周辺言語もリスニングのプロセスに影響を与える。相槌を打ったり、うなずきながら「うん」、「へー」などの声を出したりして、話を聴いている、内容を理解している、同意している、よくわからない、信じられない、などの反応を効率よく表現できる。授業や講演でも、ときどきこのような声が返ってくると、聴いてくれている、一緒に考えてくれている、ということが確認できる。

　その他、聴き手の服装、顔の表情、手や指の動き、体臭や香水の匂い、立っているか座っているかといった体位、話し手との距離など、さまざまな非言語コミュニケーションがリスニングに影響する。すべての非言語行動をコントロールすることは不可能だが、それだけに聴き手の真意を伝えるのも非言語メッセージである。意図しないメッセージが伝わって送り手がコミュニケーションに集中しにくい状態を作ってしまっているかもしれない、ということを頭に置いて自分のリスニング力の向上に努めよう。

③言語リスニング力を高める

　非言語リスニング力が自分の意志でコントロールするのが難しい一方、言語リスニングの方は、意識して高めることができる。シンボル運用能力を駆使して、メッセージの送り手とできるだけ多くの情報を正確に共有できてこそ、人間らしいコミュニケーションといえる。そのためには、聴き手として積極的に言語メッセージを使う試みが欠かせない。

　たとえば、話の内容について質問をする。あいまい性が高い言語を使ってコミュニケーションを行なうわけだから、それぞれの人がことばを使って意味する内容は微妙に、時には大きく異なる。話し手が意図する内容が聴き手に完全、完璧に伝わる

ことはまずありえない。したがって聴き手は話し手がことばを使って伝えようとしている意味に対して、常にあいまいで、抽象的なものを感じる。的確な質問は不明確な部分をはっきりさせ、関心を持って聴いていたことを話し手に示すフィードバックとしても、リスニング能力を高めるうえで効果的な手段である。

　質問と類似するフィードバックとしてパラフレーズ（意訳）が考えられる。パラフレーズとは人の話を聴いてそれを自分のことばに置き換えて言い返すことである。相手のことばをただおうむ返しに繰り返すだけなら、リスニングではなくヒヤリングの領域である。しかし人の話を自分のことばに置き換えるには内容を十分に理解していなければできない。自分の解釈を加えてフィードバックを送るわけだからそれを受けた話し手も、聴き手によるメッセージの理解の程度を明確に察知することができる。

　医師、カウンセラー、教師、親、上司、親友といったそれぞれ患者、悩みを持った依頼人、生徒、子、部下、友人など、相手の話をよく聴いて適切な指導をしたり、助言をしたりすることが求められる人たちにとって、パラフレーズはきわめて重要で効果的なリスニング・スキルである。たとえば人間関係に関する悩みを友人に打ち明けられたら、いきなりアドバイスをしたり、自分の考えを押し付けたりするのではなく、一呼吸おいて、「じゃあ、あなたは彼女と、今後友だちの一人として好きでいたいのか、それとも恋人として付き合っていきたいか、それが分からないわけね」と、相手から聴いた話を自分のことばに直して投げ返してみる。すると、その友人からは、「そう、そうなんだ」という返答や、「いや、そうじゃなくって…」という反応が返ってくる。話の内容をしっかりと理解してもらうと話し手はそれだけで勇気が湧いてくるし、理解のずれがあればその時点で修正できる。パラフレーズは高等な、そして効果的なリスニング能力である。

　最後に、メッセージの内容をメモすることも大事な能力のひ

とつである。多くの情報を短時間で処理することを求められる現代人にとって、聞いたことをいつまでも記憶しておくことは困難なので、話の主旨、キーワード、などをメモにして残しておくことは貴重な能力といえる。もちろん話を聞きながら文字を書くわけだから、効率よくしかも正確なメモを取るには時間と訓練が必要である。

　コミュニケーションといえばメッセージの送り手を中心として考えられることが多い。しかし実際にはどのような対人コミュニケーションも送り手と受け手、つまり話し手と聞き手との相互協力を基礎として成り立つわけだから、聞き手のコミュニケーションに関する知識、的確な心構え、そして実際の行動が重要な意味をもつ。ただ単に音や声を耳でとらえる、聞くという生理現象と、意識的、自発的な認識と努力を要する、聴くという行為との間には厳格な相違がある。効果的なリスニングを可能にするには、その過程に含まれるステップの性格、コミュニケーションの状況での障害の存在を理解し、的確な心構えによって支えられるリスニング行動を習得することが求められている。

▼図5−4　正解

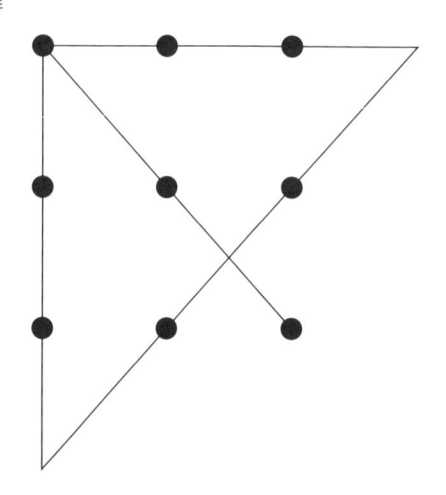

Review Exercise

1. 最近、友人や家族など、親しい人とコミュニケーションをしていて、誤解された、あるいは相手を誤解したことはありませんでしたか。その際、お互いの認識にはどのようなことが起こったのか、分析してみましょう。たとえば、もし相手を誤解していたのであれば、認識のどの段階でどのようなことが起こって誤解が生じたのだろうか。きちんと話の最後まで聞いていたか。話を聞く前から相手の言いたいことを決め付けていなかっただろうか。相手が話しているとき、他のことを考えていなかっただろうか。相手との過去のやり取りを思い起こし、そのことに気をとられているうちに話が先に進んだり、終わったりしていなかっただろうか。

2. 家族や親しい友人と話をして、相手から聴いた話のパラフレーズの練習をしてみましょう。聞いたことばをそのまま返すのではなく、ある程度の時間をかけて理解、解釈、判断して自分のことばとして相手に投げ返してみる。この練習をすると、パラフレーズするためには、しっかりと相手の目を見ながら、全神経を集中させて話を聴き、聞いた内容を、慎重にことばを選んで相手に返すプロセスで、話し手と聴き手との間に強い共感関係が生まれることが確認できます。

第6章 人を動かすコミュニケーション・コンピテンス

エピソード

　あなたは大学生になってはじめての一人暮らしをしている。これまで親元を離れたことがないあなた、大学生という、夢と期待にあふれた生活である一方、見知らない町で何から何まで一人でやらなくてはいけない、という不安も強い。

　身の回りのことや授業にも少しずつ慣れ始めて学生生活を楽しみ始めたある日、A新聞の販売店から新聞購読の勧誘の人がやってきた。ドアを開けるなり、いきなり、「あ、学生さん？それじゃあ、A新聞を読まなくっちゃ。就職にも有利だし、それに芸能情報もたくさん載ってるから、友達との会話にも遅れないよ。早速明日から朝刊届けるから、ここにハンコ捺して、ね。まずはためしに3ヶ月とってみようよ」と一方的にまくしたてる。3ヶ月くらいだったらいいか、という気持ちと、販売員の勢いに押されて、気がついたころには、契約の印を捺していた。

　それから間もなく、今度はB新聞の人が訪ねてきた。年齢はあなたとそれほど変わらない、最近社会人になった、という感じの人。ドアからのぞいた健康そうな顔からは、親しそうな微笑がこぼれている。「一人暮らし、いろいろと緊張することもあるけど、楽しいですよね。授業、たいへんでしょう」と、柔らかい口調で尋ねてくる。安心感からか、あなたは今受けている授業、サークルやアルバイトのことなどについて話をする。

　販売員の方も、「私も、今思うと入学した頃はたいへんでした。でも、落ち着いてくると、目の前のことだけじゃなくって、世の中で起こっていること、経済や政治なんかにも関心が広がってくるんですよね。それまでは、テレビで見ていた討論なんか全然わからなかったけど、新聞に書いてあることを読んでいくうちに、『なるほど』と思ったり、『え、そうかな』と思うようになってきて、新聞っておもしろいな、と思い始めました。今は、販売の仕事してるけど、将来はマスコミの仕事をしてみたいな、とも考えるようになって…」と、会話は続く。

> 同じ購読料ならば、B新聞にすればよかった、と思っても後の祭り。あまり感じが良くなかった販売員から、半分無理やり、一方的に押し込まれたA新聞を少なくとも3ヶ月購読しなくてはいけないことになってしまった。

　こんな状況に遭遇することはよくある。物やサービスの販売、友達に頼みごとをしたり、家族同士で交渉をしたり、また好きな異性の人に交際や結婚を申し込んだり、といった身近な状況から、会社の上司、部下の間のやりとり、複数の企業間で行なわれる商取引、さらには国際的な政治、経済の交渉まで、相手の気持ちや行動に影響を与える、つまり説得を目的としたコミュニケーションが常に行なわれている。「説得」と聞くと、何やらいかめしい、重々しいイメージがわき、できることなら避けたい、という気持ちに傾く場合が多い。

　しかし、暇つぶしのためのおしゃべりや、パーティーなどでの特別な目的がないスモール・トークを除いて、私たちはすべての状況で大なり小なり、相手の気持ちや行動に影響を与えることを目的とした、説得コミュニケーションを行なっている。子供の頃から、親や先生に何か新しいことを教えてもらったり、しつけをされたり、先輩から指導を受けたり、また友人から感動する話を聞いて自分も同じようなことをしてみたい、と考えたり、これらはすべて説得の産物なのである。

　説得ということばには、エピソードに登場したA新聞の販売員とのやりとりのように、「一方的」に「説き伏せる」とか、「言いくるめる」、あるいは「無理やりさせる」といったイメージがつきものだ。確かに自分の意思に反して、強制的に行動を変えさせられる、という場合もあるかもしれないが、コミュニケーションとしての説得は、「両方向のメッセージ交換」を通して、両者が「協調し合い」、最終的には「自分の意思で」行動や考え方を変えるプロセスである。

　説得する側に立った場合、人間関係を壊さずに、できればさ

らに発展させながら、相手に自分の考え方を受け入れてもらったり、希望する行動を起こしてもらったりするのがコンピテンスの程度が高いコミュニケーションといえる。逆に、説得を受ける側としては、相手の勢いや、不誠実な目的、あるいは誇張、歪曲されたメッセージに屈することなく、後悔する必要のない、説得メッセージの賢い受け手としての行動を心がけたい。悪徳商法に引っかかったり、自分の意思とは正反対の、しかも反社会的思想を持った宗教にとりつかれたり、といった困った状態が毎日、社会のいたるところで起こっているという状態は、説得のメカニズムを理解し、知らない間に向けられるメッセージに対して厳しい、批判的な態度で接することが必要であることを示している。

1 真の説得は自己説得

　説得の重々しいイメージは、個人や企業、国などの組織が、一方的に相手に何かをさせたり、またはだましたりして、メッセージの受け手が自分の意思に反した行動を起こして後悔する、というパターンから連想される。
　しかし、説得をする側が一方的に相手の気持ちや行動を変化させる、と考えるのではなく、メッセージの受け手が自分の意思でそのような変化を起こしたり、あるいは起こさないように決心する、いわば「自己説得」を促すのが目的である。共同作業としての説得を成し遂げるには、いくつかの条件がある。

a. メッセージの内在化

　A新聞とB新聞の販売員を比べてみると、あなたが「新聞を購読しなさい」、というメッセージを内在化する十分な時間と精神的余裕が与えられているか、という点が大きく違う。Aの方は、明言はしていないが、「今、この場で決めてもらいたい」という気持ちがことばのはしばしや態度に出ている。一方Bは、「よく

考えて決めてもらって構わない」という気持ちを表している。

　この違いは、メッセージの受け手が、受け取ったメッセージの中身を、自分の過去の経験と照らし合わせたり、さらには別の人と相談したりしながら、ゆっくりと時間をかけて、個人的に受容する機会が与えられているかどうか、という点に集約される。もちろん即決が必要な場合も多いが、真の説得、つまりメッセージの受け手による自己説得を促すためには、受け取ったメッセージの中身、意味合い、行動に移した場合予想される結果など、さまざまなことについて考える時間が受け手に与えられなくてはならない。

　街頭やインターネットで、「今、手続きをすると○○の特典があなたのものに」というふれこみで物を買わせようとする、いわゆるキャッチセールが多く見られる。急に飛び込んできたメッセージに面食らっている間、次から次へと新しい、魅力的な情報を提示して、相手が十分に考える隙を与えずに即断を迫る、というやり方は、受け手がメッセージの中身を内在化する機会を奪っているといえる。矢継ぎ早にメッセージを送られて、舞い上がっている状態なので、その場では満足したような気になっても、時間が経過するにつれて後悔の気持ちのほうが強くなるようなコミュニケーションは真の説得とは言いがたい。コンピテンスの程度が高い、つまり、人間関係を発展させながら相手に自分の気持ちを理解してもらい、さらには行動を変化させてもらうためには、受け手によるメッセージの十分な吟味を通した内在化が条件である。

b. 選択の認識

　説得メッセージの受け手は、その中に込められた新しい考え方、行動を受け入れるか、あるいは拒否するかという選択が自分に託されている、ということを認識しなくては、説得ではなく、強制、脅迫になってしまう。一方的に、しかも言語、非言語で脅しともとれるメッセージを送り、相手に決断を迫ると、A新聞の販売員のように、新聞購読の契約にこぎつく可能性を高

くするかもしれない。しかし、そのようにして、あまり自分では興味を持っていなかった、しかもB新聞と比較してもあまり気乗りしなかった新聞を購読することになった側は、「押し付けられた選択」を後悔する確率が高くなる。

　内在化にしても、選択する権利を認識することも、送り手が一方的にメッセージを投げるのではなく、受け手と必要な時間をかけて、メッセージの交換をすることが求められている。メッセージを構成するシンボルは恣意的で、あいまい、そして抽象的なので、送り手が意図したこと、あるいは、契約などに使われている複雑な文言は、一度聞いたり、読んだりしただけで自分のものにすることはきわめて困難である。入ってくる情報を受け止めて、しっかりと自分の知識に変換するまでには十分な時間と合わせて、送り手と受け手との間で十分なやり取りを重ねる必要がある。

　情報化の時代となり、IT技術が革新的に進歩していることに伴い、実に多種多様な情報、専門的知識が飛び交っている。多くの商品や、サービスに関する広告、勧誘のメッセージが個人個人の消費者に押し寄せてきているのが現実である。そのような状況にあっては、賢い、後悔する必要のない選択をすることが、社会で生活するわれわれに与えられた権利であり、義務でもある。ひとつひとつのメッセージに十分な時間をかけて、その内容、予想される結果を吟味し、わからないことがあったら、情報源と直接対話を通して確認することはだんだんと難しくなっているのも現実だろう。しかし、メッセージに込められた新しい考え方や行動を受け入れるか、それとも拒否するか選択する権利は、受け手に与えられている、ということを説得する側も、される側もしっかりと心に留めておきたい。

c. 変化のレベル

　説得メッセージを受け取った側が、その結果見せる変化には複数のレベルがある。A新聞の押しの強い販売員に対して、仮にあなたが、「そうですか。これから社会人になろうとする人間に

とって、やっぱり新聞は大切なんですね。今まで新聞といえばテレビ欄しか見たことがなかったので、ちょっと考え方が変わりました。もうちょっと考えてから、お願いするかどうか決めます。今日はこれから友達と会う約束があるので、お引取りいただけますか」という、メッセージを発したとしよう。

年齢や、社会経験の違いなどを考慮すると、販売員に対してこれだけのメッセージを即座に返せる学生はそんなに多くないかもしれない。こんな返事を聞かされたら、販売員はどのように考えるだろうか。おそらく、「この人には新聞は取ってもらえない。勧誘失敗」という結論を出すだろう。しかし、説得を試みる側が忘れてはいけないのは、説得の最終的な目標は、メッセージの受け手が自分で自分を説得すること、という大事な条件である。

もちろん、販売員にとって、この日に契約までこぎつくことができなかったのは、ある意味で失敗なのかもしれない。ただし、説得とは、常に目に見える行動を、その場で変えさせることばかりではない。どのような行動の変化も、その基盤となる、情報、知識、そして動機、あるいは考え方の層にしっかりと支えられていなければ、真の説得ではない。「つべこべ言わずに」とか、「何も考えなくてもいいから」ということばに続けて「とにかく〇〇をしなさい」というメッセージは、シンボル行動としての説得の条件を満たしていない。

この日は契約まで持っていけなかった販売員は、「自分が送ったメッセージによって、相手は新聞に対する考え方が少しでも変わった」と考え、それも説得の効果の一部であるとみなすべきだろう。考え方に変化を与える前に、まず行動の変化を期待するのは、ナイフを突きつけて金を要求する強盗の行動であっても、コンピテンスの程度が高いコミュニケーション行動からは程遠い。

2 動機付けのメカニズム

　家族、友人、サークルの先輩や後輩、バイト先や会社の上司、同僚など、相手が誰であれ、人間関係を維持、発展させながら、同時に自分の要求を聞き入れてもらうのがコミュニケーション・コンピテンスの程度が高い説得である。説得はメッセージの送り手が一方的に、あるいは強制的に受け手に要求を突きつけたり、要求が受け入れられなかった場合に危害を与えることを示したりという、脅迫行為とはまったく違う。説得を通して私たちが目指している重要なゴールは、メッセージを受け取る側が、その中に込められた情報の内容を理解し、意味合いを解釈し、受け入れた場合、あるいは拒んだ場合予想される結果など、さまざまな事情を吟味した上で、自らを説得する、自己説得である。

　自分で自分を説得する、という考え方はなかなか理解しづらい。しかし、それを実行するためには、私たち人間が自らを「動機付け」する際のメカニズムを理解しておくことが一つの道といえる。説得メッセージの受け手が、自分自身に動機付けを行ない、自分の意思である考え方を取り入れたり、それを行動に移すように仕向けることが、自己説得を促す、つまりコンピテンスの程度が高い説得と呼べるからである。

a. マズローの要求階層理論

　人間はどのような過程を経て動機付けを行なうのか、という疑問に対しては、多くの心理学者が研究を行ってきた。その中でも、マズローが提唱した、「要求の階層理論」は、コミュニケーション研究にも大きな貢献をしている。

　マズローによると人間の基本的要求、欲求は生理的、安全、帰属、自尊、そして自己実現の5つの階層に分類できる。要求はそれぞれの重要度によって一定の順番で並べられる。最も基本的なものを底辺に置いてその重要度の順に重ねあげたのが「要求のピラミッド」（図6－1）である。

生理的要求は、人間が動物として存在し、生命を維持するのに満たさなければならない最も基本的な要求である。空気、食料、水、排泄、睡眠などが含まれる。これらの要求を満たさずに他の要求を考えることはできない。お腹が空いて、のどはからから、息をするのもやっと、というたとえば洞穴の中に閉じ込められたような状況では、自分の就職活動を有利な方向に運ぶためには、どんな科目を受講すればいいのか、などということは普通頭に浮かばない。

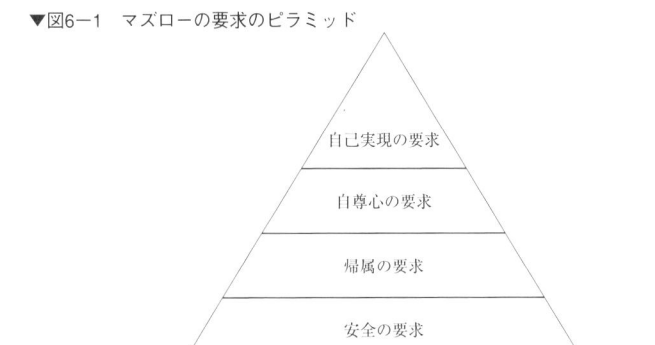

▼図6-1　マズローの要求のピラミッド

```
          自己実現の要求
         自尊心の要求
        帰属の要求
       安全の要求
      生理的要求
```

Maslow, A.H. (1987). *Motivation and personality*, 3rded., New York: Harper & Row, PP. 15-31.

　生理的要求が満たされると、いかに安全に生活するかということが関心の中心になる。健康を維持するための衣服、住居を確保すること、さらに暴力、危険から身を守ること、言論や行動の自由、秩序を保証されることが安全の要求に含まれる。さらに日々の生計を立てるために必要な経済的安定、また健康保険、失業保険、老後の生活の保障などの安心感もシンボル活動を営む人間にとっては、安全の要求を満たす上で重要である。

　次に、周囲の人間とともに社会生活を送りたいという要求が行動を支配する。私たちはグループ、組織などに所属し友人を作り、集団の一員として認められ、周囲との人間関係を作りたいと感じる。孤独、孤立、断絶、友人がいないこと、また社会的な足場がないことへの恐怖心や不安感が周囲の人間と関係を

作りたい、という気持ちにさせる。新しい土地に引っ越して知り合いがいない、親が離婚して子供が不安を覚える、というのはこのレベルの要求が十分に満たされないからである。帰属の要求は人間が人間として満足な生活をするための原動力で、対人コミュニケーションの基本的で重要な動機である。

　自尊の要求は主に自分の能力、適性、業績を他から認められたいという要求である。われわれは周囲との人間関係を作り上げた後、その集団、社会で自己の能力、適性、業績によって自分が他とは違った存在として認められたいと望む。私たちの自己概念は他人が自分をどのように見ているかということに大きな影響を受ける。自尊の要求が満たされるにつれて自信が高まってくる。

　他からユニークな存在として認められたら、私たちは自分自身の限界を探り、自己の持つ潜在的能力、性質を最大限伸ばしたいと思う。これが自己実現の要求である。各個人によってその潜在的能力の種類は当然異なる。ある人は立派な親になりたいと考え、またある人はスポーツ選手として成功したいと思う。さらに絵を描いたり、新しい機械を発明したりすることが自己実現の道であると考える人もいる。この要求を達成するにはやはり他との深い関わり合いが必要である。たとえば自分自身がもつ潜在性に気付かせてくれるのも他との交わり合いにおいてであり、またその潜在的能力に果たして価値があるかどうかを判断するのも対人コミュニケーションを通してである。

b. 動機付けと説得の関係

　これらの要求は以上の順番で階層構造を作り、基本的な要求がひとつひとつ満たされるごとに、次に重要な要求が人間の行動を支配する。マズローによると、満たされていない最も基本的な、ピラミッドで底辺に最も近い部分にある要求が動機として働く。たとえば、エピソードの「あなた」は大学に入学し、一人暮らしを始めて間もないこの時期、見知らぬ土地で、食べ物や水は口に合うだろうか、空気が汚れていて病気になった

りしないだろうか、という生理的要求に最初に注意を払う。次に、住んでいる家、マンション、アパートは雨漏りやすきま風が入ってきたり、鍵が壊れたりしていない、安全なところなのか、暗くなって近所を歩いても大丈夫か、という安全の要求が行動をつかさどる。それから、クラスメートや先生、サークルの仲間、バイト先での上司や同僚と人間関係をうまくやって、帰属の要求を満たし、それぞれの人間の輪の中で自分だけにしか満たすことのできない立場を見つけ、自尊心を高めたいと思う。最後に、学生時代に自分が持っている潜在的能力を最大限伸ばし、あるいはそのための機会をどうやって見つければいいのか、という方面に関心が向くようになる。

　生理的、安全の要求が満たされ、これから帰属の要求や、自尊、自己実現といった人間ならではの高度な要求、欲求に関心が向いているところにA新聞やB新聞の販売員が尋ねてくる、という状況を考えてみると、あなたが基本的要求という点でどのような心理状態なのか、うかがい知ることができる。

　説得をする立場、される立場にこの要求の階層理論をあてはめて考えてみると、説得行動についての理解を高められる。自己説得を促すには、相手が今どのような要求、欲求を満たそうとしているか、ということをできるだけ正確に知るのがまず第一歩である。大学のクラブやサークルのメンバーが新入部員獲得のため、入学式直後からキャンパスを走り回るのは、まだ右も左もよくわからない大学を、「帰属の要求」を満たしたいと思いながらさまよう新一年生を狙っているからである。この他にも、会話学校などのスクーリング、あるいは新興宗教などの勧誘がこの時期に最も多いのも、自尊の要求や自己実現の要求に目覚めようとする人が多い、ということからよく理解できる。

3 説得の理論

　西洋では、人類史上初の民主主義社会を確立した古代ギリシ

ャの時代から、「レトリック」という名の下で、公的な状況でのスピーチを通していかに多くの聴衆を説得できるか、ということについて関心がもたれてきた。それに対して、日本では「話せばわかる」、逆に「言わなくても分かってもらえる」、「なるようになる」といった文化的傾向が強かったからか、これまでに日本人独自の説得、あるいは態度・行動変化を説明したり、予測したりする理論はほとんど発展していない。

　マズローなどの心理学者によって、人間が考え方、態度や行動を変化させるきっかけとなる動機付け、基本的要求が自己説得にどのような影響を与えるのか、ということがはっきりとしてきたのが、２０世紀中盤である。この時期から、米国では心理学者を中心に、説得の受け手の要因を解明しようとする研究が大変盛んになってきた。第二次世界大戦中にメッセージの受け手が意識しないままに、プロパガンダやマインドコントロールなどの手法によって、ある特定の国や人種に対して特別な感情を持たされるよう操作され、敵意をあおる、という事態が生じたことへの危惧もこれらの研究が盛んに行なわれたことのひとつの要因と考えられる。

　人間が外部からの情報をどのように取捨選択、理解、解釈、判断して行動や考え方の変化に結びつけるのか、という課題は日常の家庭、学校、企業、医療の場などでの対人関係から、メディアによって運ばれてくるさまざまな情報、刺激にどのように対応するのか、という点できわめて重要な課題である。人を説得する場合もされる場合も、人間がどのような心理状態で行動、態度を変化させようとするのか、ということについてこれまでに提唱されてきた代表的な理論を考えてみたい。

a. 認知的一貫性理論群

　説得の領域だけではなくコミュニケーション研究全般、それに公的コミュニケーションの実践教育、研修などで広く応用されてきた一連の理論群が「認知不一致」の概念を中心に形成されている。認知不一致という名称はたいへん重々しく、理解す

ることが困難に思えるかもしれないが、不安、葛藤、心配、失望、不信、疑念など、心の中である一つのこと（情報・刺激１）と、別のこと（情報・刺激２）との間に整合性が見出せない場合に認識する感情、と考えればわかりやすい。また、自分で起こすひとつの行動と別の行動との間に不一致が生じた場合もやはり認知の不一致を自覚する。

エピソードの「あなた」は、まったく見ず知らずの新聞の販売員が訪ねてきたことにまず不安を感じる。さらにその販売員は、初対面であるにもかかわらず、将来の就職や、友人関係について、あなたが深い関心を抱いていることに次から次へと、しかも一方的に話しかけ、そして不安を抱かせる。見ず知らずの他人からいきなりこんな話をされることに対しては不快感を覚える。A新聞の販売員の横柄な態度が不快だったので、早く帰ってもらいたい、という気持ちから契約書に捺印したのかも知れない。これらの不安、不快感、つまり認知不一致こそが説得の糸口なのである。

この一連の理論は次の三つの考え方を前提として形成されている。

（1）知識、考え方、態度、行動などの間で生じる矛盾、不一致は不安・不快を与える。
（2）不安や不快を感じたら、人間は普通それを解消したい、という衝動を覚える。
（3）不安を解消、あるいは減少させる一つの手段が自らの態度、行動の変化である。

これらの考え方を説得の状況に当てはめてみると、自己説得が生じるには、本人が現状に対して不安や不快感、あるいは問題意識を感じることが第一歩である、といえる。今現在自分が置かれている状況や、将来のことに対して一切不安を感じない（まずそのようなことは考えられないが）とすれば、自己説得の可能性はない、ということになる。

この考え方を基にして提唱された理論はいくつもあるのだが、ここではその代表的なものである、ハイダーのバランス理論と、フェスティンガーの不協和理論の二つを考えてみる。バランス理論は自分（P）、相手（O）、そして対象（X）で構成されるので、POX理論と呼ばれることもある。たとえば、あなたには将来結婚したいくらい好きな異性の相手がいて、これまでにいろいろなことについて話をし、多くの考え方や価値観を共有している、としよう。少なくとも、あなたは共有してきた、と思ってきた。ある日、子どものことに話題が移ったとき、その人と自分との間に大きな考え方の違いがあることに気がつく。あなたは、将来結婚して子どもが生まれ、その子どもを育てることが親として、人間として重大な責任である、と考えているのに対して、相手の人は自分たちの幸せを築き、守り、発展させていく上で、特に社会や経済の安定が見えてこない日本で子どもの存在は大きな「お荷物」になってしまう、というのである。

▼図6−2　ハイダーのバランス理論

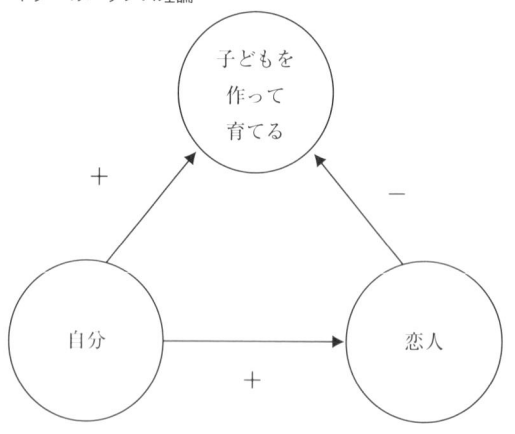

　この状況であなたはどのような心理状態になるだろうか。図6−2が示すように、あなたの相手への気持ちは肯定的、つまり「好き」ということなので「＋」で表される。そして、「子ども」に対する気持ちもやはり「＋」である。ところが、相手の人の子どもに対する気持ちは「−」なので、ここで、あなたの

頭の中で認知的不均衡が生じる。その不均衡の状態を解消するために、あなたに与えられている行動・心理変化のオプションには次の3つが考えられる。

① 相手の子どもに対する気持ちをマイナスからプラスに変化させる。
② 自分の子どもに対する気持ちを考え直し、少なくとも今はプラスの気持ちを抑える。
③ 相手に対する気持ちをマイナスにし、恋人関係を解消する。

　このうちどのオプションを選択するかは、それぞれの＋、－の程度や、そのときの気分などによっても変化する。バランス理論は、説得理論の中では最も古いものの一つで、複雑な心理的不均衡を生じさせる状況でどのような動機が働くのか、ということを説明しようとした。ただし、実際の状況でどのような行動をとるか、ということを予測する機能は十分ではない。しかしながら、人間の心理状態はたいへん複雑で、動機付けや説得の行為を完璧に説明、予測できる理論を期待することは困難である。
　バランス理論と同じ時期にフェスティンガーが提唱した不協和理論は、心の中の葛藤に対してさまざまな種類の反応の可能性を示した。A・B両新聞の販売員による説得工作の結果、はからずもA新聞を購読することになった。自分から購読するようにした、というよりはそうなったという状況で、B販売員の訪問と勧誘を受けてからは、「B新聞にすればよかった」と後悔の気持ちさえある。これはまさに認知的不協和の状態といえる。
　しかし、いつまでもくよくよしても始まらない。そこで、あなたの頭の中では、何とか認知協和の状態を取り戻すための行動や、心理変化を起こす動機付けが行なわれる。この際、不協和理論によると、次のような何種類ものオプションが考えられる。

①行動変化：A新聞の販売店に電話して、購読の契約を破棄し、B新聞との契約をする。
②認知変化：A新聞の販売員は感じ悪かったけど、だからといって新聞の中身が悪い、ということにはならないはず、と自分を納得させる。
③正当化：A新聞の販売員にも守らなければならない生活があるんだから、この際3ヶ月だけは購読しよう。私は善意で契約したんだ、と自分の行動を正当化する。
④情報源を疑う：B新聞の販売員は初めて会ったくせに、何だかんだと個人的なことまで言っていた。あんなことをしないと売れないような新聞だったら、やっぱりA新聞にしておいてよかったと、話し手の信憑性を疑う。
⑤仲間探し：そういえば、国際政治学の教授もA新聞の記事をときどき授業で引用している。だったら、販売員の感じは良くなかったけど、新聞自体はいいんだと、他人、特に社会的に信用される立場にいるような人も、自分と同じ行動をとっているんだ、と思うことによって、自分の行動の価値を見出す。
⑥超越：学生でも、この町に住む限り、少しでもお金を使って、町の経済を助ける必要がある。A新聞の購読料は安くないけど、これも町のためと目の前の状況からかけ離れたレベルに自分の行動を押し上げて納得する。

　このように、認知、行動、態度に不協和を感じたら、人間は不安、不快を感じ、それを解消、軽減する努力をする。その努力の現われが行動や認知の変化である。不協和理論では、不協和を感じた際想像されるさまざまな反応、対応の可能性を考慮した。これらの対応はどれも現実的なもので、わたしたち誰もがこれまでに経験したことのある、説得コミュニケーションに対する行動である。その分、不協和理論は現実的なものであると言える反面、実際にはどの反応を示すか、ということを予測する上では問題がある。

b. 接種理論

　わたしたちはどのような過程を経て自分自身の考え方、認識や行動を変化させたり、維持したりするのか、という永遠の疑問に対してさまざまな研究が行なわれ、理論が提唱されてきた。その中で、接種理論は自分自身の考え方を防衛するメカニズムを明らかにしようとした。

　新聞購読とあなたとの状況をもう一度考えてみよう。A新聞はあなたの実家でも長年購読している新聞で、両親は政治、経済から、自分たちが住む町の情報までA新聞への信用度は高い。このような環境で育ったあなたもA新聞の記事の質の高さや信憑性を疑ったことはない。その意味で、あなたのA新聞に対する信頼の気持ちは「無菌状態」といえる。このような状況で、もしB新聞の販売員の方が先に訪問していたとしたら、あなたはどのような反応をしていただろうか。

　販売員のあなたに接する態度が良く、笑顔が良かったから、という理由だけで、名前もほとんど聞いたことがないB新聞を購読していたら後悔する結果になっていたかもしれない。この状況をあなたにもA新聞を読んでもらいたいと願う両親の立場から見てみるとどのようなことがいえるだろうか。

　実家では長年A新聞を購読していたとしても、なぜBではなくAなのか、という疑問に対して理路整然とした説明をして、B新聞の販売員の申し入れを毅然とした態度で拒否する準備はあなたにはできていない。何となく、また当然という気持ちでA新聞にこれまで接してきたからである。そこで、これまで当たり前と感じてきた自分自身の行動に対して「弱い菌」を予防接種して免疫を作っておくことによって、Bを含めた他の新聞からの勧誘に接しても自分の行動や考え方を守る強い意志や理由付けを用意しておくことができる。

　たとえば、あなたが大学生としての一人暮らしを始める前に、実家の両親が「大学生になるんだから、自分の行動に対しては自分で責任を持つこと。どんな新聞を読んだり、テレビ番組を見たり、どんな友達を作るか、全部後から自分自身に返ってく

る行動なんだから、そこのところをよく考えなさい。うちでずっとA新聞を読んでるからといって、Aばかりが新聞ではない」と他の新聞を購読することも促すようなことを言ったとしよう。この予防接種がもし強すぎれば、あなたは本当にA以外の新聞を読むことも現実的な可能性として考えるだろう。しかし、適量の予防接種をすることによって、「わたしを長い間育ててくれた両親が信頼してきた新聞なんだから、やっぱりわたしも」という強い気持ちを植えつけることができる。

　この接種理論は、現在すでに持っている考え方や行動を、もし他の考え方や行動を促す説得メッセージが向けられたら、どのようにして自分自身を守るか、という状況に限られるが、自己説得のメカニズムを明らかにする理論として評価できる。

c. 精査可能性理論
　説得に関してはこれまで多くの理論が提唱され、またそれぞれの理論に対して問題点や批判が展開され、そのような議論の応酬によってさらに新しい理論が生み出される、というプロセスが何度も繰り返されてきた。今後さらにIT技術が進歩し、世界の情報交換の仕組みが発展するにつれて、人々のコミュニケーションの形態も変化し、それにともなって新しい理論が展開されることだろう。したがってどんなに時代に即した、最先端の研究を行ない、その結果から新しい理論を生み出したとしても、ひとつの理論で世界中の人間同士のコミュニケーションすべてを説明することは到底望めない。

　この章で紹介する最後の説得の理論も、現時点では「最新」の、また「最先端」の理論の一つと考えられているが、文化的背景や、時代的背景を異にする状況でも同じように人間の説得のプロセスを説明できる、というものではない。

　ペティとカシオッポの二人の社会心理学者が提唱した精査可能性理論は、人間が説得メッセージに接する際、どのようなプロセスを経てそのメッセージの中身や、メッセージの周辺の情報、刺激、さらにはメッセージが送られた状況に含まれる要因

に注意を払い、その注意の程度がどのように自己説得を導くか、という問題を明らかにしようとした。それによると、私たちは説得メッセージを送られると、そのメッセージの内容、つまり説得の結果メッセージの送り手が望む結果に関する事柄に対する関心と、メッセージの中身とは直接関係のない部分への関心を持つ。前者を中心ルートと呼び、後者を周辺ルートと呼ぶ。

再びエピソードの例を使うと、「あなた」はA新聞とB新聞の販売員から新聞購読の勧誘を受ける。結果的にはA新聞を購読することになったのだが、では、どのようにしてその決断をしたのか、精査可能性理論を使って説明してみよう。この理論によると、説得メッセージを受けた場合、私たちはそのメッセージを批判的に考えるか否か、つまり精査するかどうか、ということによって説得をされる可能性が高くなったり、低くなったりする。精査するかどうか、ということは二つの要因に左右される。ひとつは「動機」で、もうひとつが「能力」である。精査する動機が高ければ高いほど、メッセージの中心ルートに向ける関心が高くなる。たとえば、もし学生としての一人暮らしを始めて間もないあなたが、早く新聞を購読して世の中の事情について責任ある大人として最低限の情報を得たい、と考えていたとしたら、A新聞であれ、B新聞であれ、新聞購読の勧誘のメッセージには高い関心を示すことになる。

メッセージに注意を払う動機は、さらに三つの要素に分けられる。まずメッセージに含まれる話題に対する精神的関与である。メッセージの中身が重要であればあるほど、相手の話を一生懸命聴いて、その中身を判断しよう、という動機が高まる。次の要素が、メッセージに含まれる議論の多様性である。新聞、特にA新聞を読むことが大切である、という話をいろいろな人から、さまざまな機会に聞いていた、とすると当然販売員が発するメッセージの中心部分を吟味しよう、という気持ちは高まるはずである。最後の要素が、議論に対する個人的な性格とも言える部分で、周囲から送られてくるメッセージを一つ一つ真剣に考えるのが好きな人、いわゆる「議論好き」とそうではない

人に分けられる。言うまでもなく、議論好きな性格をしている人の方がそうではない人より、説得メッセージを中心ルートでとらえて中身を批判的な角度から考えてみようとする。

　説得メッセージを精査するかどうか、という可能性は動機だけではなく、その議論を精査する能力を持っているかによっても変化する。もし仮に新聞が世の中でどんな役割を果たしているのか、学生とは社会でどのような立場であり、今後どんな道を進むことが期待されているのか、などということについて一切知識を持たない、あるいは考えたこともない、とすればあなたはどんな新聞社の販売店から勧誘を受けても、そのメッセージの中身について妥当な判断をする能力はもっていないことになる。

　この理論によると、メッセージの中身を中心ルートで精査し、そこに含まれている新しい考え方や行動への勧誘が、それまでに持っていた経験や知識、行動と一致すると説得メッセージを受け入れる可能性が高い。たとえば、A新聞の勧誘を受けて、これまでに何度かその新聞を読んで貴重な情報を得たり、感動する記事が書かれていたのを覚えていたり、あるいは多くの人が高い評価をしていたことを思い出したりすると、このメッセージに対しては強い肯定の反応をする。逆に、これまでのA新聞に対する知識や評判が悪いものであると、中心ルートで精査されたA新聞の販売員の説得メッセージは強い否定の反応を受けることになる。

　A新聞を購読することになったものの、販売員から受けた説得メッセージを中心ルートで精査し、それに対して肯定的な判断をした結果である、とは言いがたい。ではなぜA新聞を購読することになったのか。それは、販売員の強引な態度、その販売員に一刻も早く立ち去ってもらいたいというあなたの気持ち、つまり周辺ルートに対する関心が強かったから、というのが一つの要因である。もう一つ考えられるのは、これまで新聞の勧誘をはじめ、人から何かを勧められて自分ひとりでそれを受け入れるべきかどうか、という判断をしたことがない、ということ

によって、あなたには説得メッセージを適切に処理する能力が十分備わっていなかったから、ということだろう。

仮にB新聞の勧誘が先に来ていて、新聞の中身よりも販売員の感じが良かったから、という理由だけでB新聞を購読していたとしたら、それは周辺ルートだけで説得されていた、ということになる。このような場合、説得の効果が長続きすることはそれほど期待できない。3ヵ月後に別の、そして最初の人より魅力的ではない販売員が来てB新聞購読の更新を勧められても、それを受け入れる気持ちにはならない可能性が高い。

精査可能性理論は、説得メッセージを中心ルートと周辺ルートとに分けて考え、それぞれに対する反応がどのようにして自己説得に結びつくか、ということを考察した。説得行動を完全に説明したり、予測したりすることは期待できないものの、この理論が提起するさまざまな問題点は、今後の説得理論の進展につながると期待できる。たとえば、この理論は欧米の人間の自己説得について考えたものだが、それを異文化比較のために日本人の説得に応用したらどうだろうか。社会的体面を重んじる日本人の場合、議論の多様性、つまり説得メッセージに含まれた事柄がどのくらい多くの人、あるいはだれによって議論されているのか、ということによってメッセージの中身を精査する動機が高まるかもしれない。今後の研究や調査によって、この理論の説明、予測能力が高まることが期待される。

4 実際に使われる、説得コミュニケーション・スキル

私たちが普段の生活で、人から説得のメッセージを受けたり、逆に与えたりする際、どのようなプロセス、メカニズムで考え方や行動を変えるのか、ということについてさまざまな理論が展開されてきた。相手に無理やりこちらの考えを受け入れさせたり、強制的、脅迫的手段で行動を起こさせることはもちろん好ましくない。あくまでも、メッセージの受け手である相手の

自己説得を促すことがコンピテンスの程度の高い説得コミュニケーションが目指すゴールといえる。

とはいったものの、現実的には常に倫理的な基準を完全に満たした形で説得行為をしているとは言いがたい。A新聞の販売員も、さらにはB新聞の「やさしい人」風の勧誘の仕方も、厳密に言うと「倫理的」かどうか、という判断は難しい。そこで、実際の社会生活で、私たちはどのような説得手段を使っているのか、また私たちに向けられた説得メッセージにはどのような種類のものがあるのか、ということについてあらかじめ整理した知識を持っておくことも、コミュニケーション・コンピテンスの向上につながる。

そのようなことを目的として行なわれてきた研究も数多い。その中で、これまでに多くの研究者が参考としてきた分類法の一つに、マーウェルとシュミットのコンプライアンス（承諾）獲得方略表がある。「コンプライアンス」ということばは、最近日本でも企業が法律や条令、社会の道徳基準などに従うことを指してよく使われる。ここでは、一個人や組織が人に説得、命令、願いごとなどを目的として与えるメッセージを種類ごとに分けて、それぞれの特徴を明らかにした分類法を指している。どの種類が好ましいとか、効果的、といったことを表すものではなく、単に一般的に使われる手段、方策をリストしたものである。１６の方略が提示されているので、エピソードの例を使いながら考えてみる。

① 約束
　「新聞を３ヶ月購読したら、○○レストランの食事券を差し上げます」と、承諾に対して将来何かいいことがあることを約束する。
② 脅迫
　「契約をしないと身の危険を感じることがあるかもしれないぞ」などと脅す。
③ 好結果に関する経験

「うちの新聞の記事を読んでいたから、就職試験で有利だったという人を何人も知っている」と販売員のこれまでのプラスの経験を示す。

④ 悪い結果に関する経験

「他の新聞に書いてあることを真に受けて、常識を疑われた人がいた」とマイナスの事象を示す。

⑤ 好感

B新聞の販売員のように二人の共通点を探ったり、掘り下げたりして好感度を増すことによって、説得メッセージを受け入れさせる。

⑥ 事前の厚意

「今日は、無料のサンプルを置いていくから、読んでおいて」と、厚意を示し、後で断りにくくする。

⑦ 制裁

「契約をしてくれるまで、何度でも来る」と、メッセージを承諾するまで制裁が行なわれることをほのめかす。

⑧ 過去の借り

「以前、引っ越してきた際荷物を運ぶのを手伝ってあげた、あのときの私です」、あるいは「この前無料で差し上げたサンプルの新聞、受け取っていただきましたよね」と、過去相手に対して示した厚意を引き合いに出す。

⑨ 道徳観

「社会の一員として認められたいのならば、新聞くらい読まないと」と責任感や道徳観に訴える。

⑩ 満足度の示唆

「新聞を読んで、多くの知識を身につけたら、また違った角度から世の中を見ることができるようになる」と行動を起こすことによって得られる達成感、満足感に訴える。

⑪ 不満足度の示唆

「新聞に書いてあることも知らないで、交友関係や就職活動をすると必ず後悔することになる」などと言って、説得する。

⑫ プラスのロール・モデル

「政治家や、社長、弁護士、地域のリーダーなど、人の上に立つ人達はみんな新聞を読んでるから常識ある行動ができる」と、世間で好まれがちな人との一体感を誘う。
⑬ マイナスのロール・モデル
「新聞も読まないと、友達との会話にもついていけないし、学校の授業もおもしろくない。そんな人ときどきいるでしょう」と仮想の、あるいは現実の好ましくない人との一体感に訴える。
⑭ 懇願
「今日、あなたに契約してもらえないと、私の今月のノルマが達成できない。そうなると家族の生活が…」と説得者の利益のために行動を起こしてもらいたいと感情的に訴える。
⑮ 好人物評価の示唆
「いまどき新聞を読む学生さんは少ないけど、だからこそ定期購読してるなんて友達が知ったら尊敬されるよ」と言って自尊心をくすぐる。
⑯ 不良人物評価の示唆
「あなたのように理知的な顔をしてるのに、新聞も読んでない、なんてことをみんなが知ったらがっかりするだろう」と、危機感をあおる。

ここにあげた種類の方策や、またそれ以外の方法で、私たちは相手から説得メッセージに含まれた内容を承諾してもらう努力をする。中には必ずしも人間関係を発展させることには結びつかない方法も多く含まれている。しかし、現実には日常生活で、とにかく相手に「うん」と言わせるメッセージを、あれやこれやと思いつくものである。重要なことは、真の説得はあくまでもメッセージの受け手が自分自身を納得させ、自らの意思で考え方、行動を変化させる、自己説得を目指すべきである、ということに終始する。

説得とは、送り手が受け手に一方的にメッセージを送り、半

ば強制的にそこに含まれる内容を受け入れさせるという、一般的に持たれるイメージとは異なり、送り手と受け手とがメッセージに含まれる意味を共有し、さまざまな選択肢を十分考慮したうえで、まず態度を変化させ、その変化が行動に現れるまで十分な時間を与える共同作業である。

> **Review Exercise**

1. 最近、だれかを説得した状況を思い起こしてください。その際、あなたはどのような手段を使ったでしょうか。具体的に使ったメッセージ（ノンバーバルを含む）を思い出してみて、その説得工作が相手との共同作業であったか、それとも一方的なものであったか評価してください。

2. テレビのコマーシャルを評価してみましょう。コマーシャルを見て買おう、と思った商品があればそれを考えてみてください。その説得のプロセスにこの章で考えた認知不一致の理論を当てはめてみるとどのようなことが言えるでしょうか。あなたはそのコマーシャルを見て、どのような認知の不一致を感じたか。そのコマーシャルはあなたにどのような「解決策」を提供しましたか。

第2部 コミュニケーション・コンピテンス

第7章 対人コミュニケーション・コンピテンス

エピソード

　イチローとトモ子はA大学にこの春入学した学生である。二人は共通科目である「コミュニケーション概論」の授業を受けているが、ことばを交わしたことはない。新学期が始まって間もないある日、たまたま隣り合わせに座り、教科書を忘れたイチローにトモ子が見せてくれた。授業が終わった後、二人は初めてことばを交わす。
　「テキスト見せてくれてありがとう」
　「うん。でも、教科書忘れてくるなんて、本当は今日だけじゃないんじゃないの」
　「いや、そんなことないよ。いつもまじめに…」
　「冗談よ。いつも一番前に座って授業受けてるよね」
　「え、見てたの？」
　こんな他愛もない会話で初対面のあいさつを交わしたイチローとトモ子だが、その後急速に親しくなり、授業のときだけではなく休みの日にも会って一緒に食事をしたり、映画を見に行ったりする関係に発展する。会話の内容も、自分たちの生い立ちや家族のこと、過去の経験、将来どのような方向に進みたいと考えているか、それに健康のことや太った、痩せたといった身体のこと、さらには性的な内容でも抵抗を感じなくなってきた。最初は遠慮もあったが、最近では手や肩を触れ合い、また授業でも二人の間の距離が縮まってぴったりと寄り添って座るようになってきた。
　そんなある日、いつものように昼休みに会っていると、会話がこれまでにない方向へと進んだ。週末、サークル活動やアルバイトで忙しく、宿題のレポートを書く時間がないというトモ子は、イチローに二人分書いてもらえないかと言い出した。イチローにとって、トモ子はこれまで、一緒にいて楽しい、この大学に入ってよかったと思える良い関係を保ってきた相手なので、彼女のためなら何でもやってあげた

い、と思う反面、代わりにレポートを書いて提出する、というのは彼の考え方に反した行動である。しかし、ここでトモ子の申し出を断るとこれまでの二人の関係がだめになってしまうかもしれない。
　「いいじゃない、一回くらい。先生だってわからないって」
　「いやあ、そんな問題じゃなくって、人が書いたレポートを提出して成績をもらうなんて、ぼくには考えられないなあ、そんなやり方」
　「何硬いこと言ってんのよ。試験を代わりに受けてって言ってるんじゃないのよ。レポートなんだからいいじゃない」
　「同じことだよ、試験だってレポートだって。個人の評価につながるんだから」

　イチローとトモ子は、大学だけではなく会社、地域などさまざまな社会環境で見られる人間関係を表している。一口に人間関係と言っても、二人の人間が出会い、お互いを知り、関係が発展したり、後退したり、あるいは崩れたりと常に変化するもので、同じ状態にあるわけではない。コミュニケーションの分野では、最初は見知らない二人が、会話を交わし、少しずつ自分のことを相手に話したり、相手の話を聞いたり、さらには二人の間で対立が起こったらどのようにしてそれに対応するのか、といったさまざまな側面に関心が払われ、多くの理論が作られてきた。
　理論には、現象を説明したり、未来起こりうることを予測したり、そして現象を希望する方向へと導くために行動をコントロールしたり、という機能が備わっている。これまでに対人コミュニケーション、特に二人の間の関係を説明、予測、コントロールするために数多くの理論が提唱されてきた。それをすべて解説することはできないが、この章では、わたしたちのコミュニケーション・コンピテンスを高められるよう、そのうち基本的なものを紹介したい。

1 対人関係欲求

a. 人間関係とマズローの要求階層理論

　私たち人間には社会的動物として満足できる生活を送る上で満たすべきさまざまな要求や欲求がある。どのような種類の欲求があって、どんな順番でそれを満たそうとしているのか、という問題はマズローの要求の階層理論が明らかにしてくれている。その中で、周囲の人間の輪に参加したいという帰属の要求、グループの中で個人の経験や能力などによってユニークな人間として認められたいという自尊の要求、そして自分の潜在的可能性を最大限伸ばしたいという自己実現の要求が人間関係と特に密接に関わっている。

　イチローもトモ子も大学という慣れない環境に身を置き、少しずつ次元の高い欲求を満たしたいと感じていたときに、授業で出会う。異性の友人もそろそろ欲しいと思っていたころ、教科書を忘れたイチローは隣に座っているトモ子に見せてもらう、という比較的低次元の要求を満たすところから人間関係が生まれた。その後、単なるクラスメートというよりは、友人、親友、異性の友だち、といった「二人だけの世界」が少しずつ展開し、イチローとトモ子は高次元の人間的欲求を満たす関係を築いていった、ということがマズローの理論で説明できる。

b. シュッツの対人欲求理論

　シュッツの対人欲求理論は、関係を築き、維持、発展していく過程で相手との対人行動に影響を与える欲求をさらに詳しく説明しようとした理論である。それによると、原則的に3つの欲求が人間の対人行動を支配している。周囲の人間の行動に参加しようとする「包含欲」、人と親密な関係を持とうとする「愛情欲」、それに他人の行動や周囲の状況を支配したいという「支配欲」である。それぞれの欲求の程度（「適」「過多」「過少」）によって対人行動は異なった形をとる。

　包含欲は他者から存在の価値を認められたいという欲求を指

している。ほとんど見知らない人ばかりが受講している授業で、イチローはトモ子が前から自分の存在に気づいていたことを知って、驚き、同時にうれしく思う。ひとりぼっちではなかったと実感することができた。トモ子の方も友だちがほとんどいない授業でイチローと出会い、楽しく会話できる相手を見つけたことは、包含欲を満たす大きな支えとなった。

　人の輪に入りたい、入ってもらいたい、という包含の欲求を適度に備えている人は、必要に応じて人に声をかけたり、一人ぼっちの人を自分のグループに誘ったり、しかし、お仕着せの行動は取らない、という柔軟性を備えている。これに対して包含欲が過少な人は周囲との関係が時として自分自身の存在そのものに対して脅威であると感じることが多いので、できるだけ他の人間との接触を避けようとする。イチローもトモ子もこのタイプではない。もしそうだとしたら、テキストを忘れてもイチローは人から見せてもらおうとはしないし、トモ子も見せようとはしないだろう。逆に包含欲が過多な人は、誰でもいいから周囲の人間の行動に参加したいという気持ちが強いので、会話に割り込んできたり、自分が話の中心にならなければ満足しない。このような人にとっては周囲から無視されるということが最大の恐怖である。

　IT技術の進歩によって、面と向かった相手とのコミュニケーションが以前ほど必要ではなくなった現代、人の輪に入りたいという欲求をそれほど強く感じない人が多くなってきている。包含の欲求の「適」のレベルそのものの基準が変わりつつあるかもしれない。今後、さらに研究を重ねて日本人同士の対人欲求の種類と程度を調査する必要がある。

　シュッツの二つ目の対人欲求は、人から好かれたいという愛情欲である。わたしたちは周囲の人間と友好関係を作り、発展させていきたいと思う。イチローとトモ子の場合も、いきなり恋愛関係を作りたいとは思わないが、クラスメートとして最低限の好意を持たれたい、持ちたい、という欲求を感じる。この欲求を適度に持ち、また満たした人は成熟感、落ち着きがあっ

て、幅広い相手とコミュニケーションできる。愛情欲が過少な人は本当の自分を隠そうとしたり、周囲の人間との接触をできるだけ避けたり、付き合いはあっても表面的になることが多い。逆に常に愛情欲過多の人もいる。相手を選ばないで誰とでも親密な関係を作ろうとしたり、常に相手に喜んでもらいたいという気持ちからプレゼントをしたり、相手が別の人と親しくしているのを見て嫉妬するといった人達がこの部類に入る。

　支配欲は人間の責任、リーダーシップの観念と近い関係をもっている。支配欲を基本的に満たしている人はリーダーとしても、リーダーに従うための行動もうまくこなすことができる。他者の意見に耳を傾け、グループ全体にとって最も良いと思われる考え方を受け入れるだけの度量をもっている人がこの部類に入る。支配欲が少ない人は自分の能力に対して自信が持てないか、あるいは面倒であるという理由から人から引っ張っていってもらう方を好む。逆に支配欲がたいへん強い人は自分の気持ちを通すことにすべてのエネルギーを使おうとする。このような人は権力欲が強いために自分を通すことによって他人が傷つくのは仕方がないと考えていることが多い。イチローとトモ子の場合、普段は適度に相手との関係をコントロールして支配欲を満たしていたのだが、レポートを代わりに出してもらいたい、というトモ子の要求をイチローは拒否し、またトモ子もイチローのかたくなな態度を受け入れようとはしない。状況や、話題によっては同じ二人でも、支配欲を強く打ち出したり、引っ込めたりする。

　私たちはただ単に周囲の人間と関係を結ぶだけではなく、どのような形で関係を作り、それを保っていくかということに対していろいろな願望、欲求をもっている。愛情欲、包含欲、支配欲の程度とそれぞれの対人行動に対する影響はコミュニケーション・コンピテンスと密接な関係にある。

2 対人魅力

　トモ子とイチローは初めて出会ったときから、次第に相手に惹かれ、お互いの関心が高くなって人間関係が発展していった。相手を惹きつける力や、状況に存在する要因によって二人の関係が高まっていった。このように、出会いから、人間関係が発展していく間に強まったり、逆に衰退していく過程で弱まったりする要因を「対人魅力」と呼んでいる。対人魅力は人間の感情の問題なので、容易に説明することはできない。イチローとトモ子の場合も、後で振り返ってみるとなぜあのときテキストを一緒に見ただけで二人の関係が発展したのか、ということを完全に説明することはできない。もし、同じ状況でも別の人物だったらそこまで人間関係は発展しなかったかもしれない。

　しかし、二人かそれ以上の人間の関係が発展、衰退する過程を何かの力が働いた結果である、と仮定して説明しようとするのもやはり私たち人間が自分たちの対人関係をより深く理解し、正確に未来を予測したい、というシンボル活動を行なう社会的動物であることの証である。対人魅力には主に次のような種類が考えられる。

a. 物理的距離

　対人行動を説明するのに、社会交換理論がある。これは経済の交換理論からヒントを得たもので、人間は「代価」と「報酬」のバランスを取りながら自分自身の行動を制御しようとする、という原則にのっとっている。投資と報酬の関係を対人魅力にあてはめてみると、できるだけ近くにいる人間と付き合う方が少ない代価で済み、その結果得られる報酬、つまり人間関係がそれほど満足いくものではないとしても損失は大きくない。イチローとトモ子の場合、授業で隣り合わせの席に座ったことで、最初の会話を始めるにあたってはほとんど「代価」を必要としていないことに対人魅力の一因がある。

　私たちは、このようにしてたまたま近くにいたから、という

ことが主な理由で交友関係を始めることは少なくない。幼なじみ、同級生、会社の同僚など、まずは物理的に近くにいた、ということが二人を近づけさせる最大の「魅力」であったといえる。その点、遠距離恋愛や、単身赴任などの理由で恋人や家族と遠く離れて生活する際は、たいへん大きな代償を支払わなくてはいけない。その分人間関係から十分な報酬が期待できないと、当事者は少しずつ魅力を失うということが説明できる。

b. 身体的魅力

　美しいものに惹かれるのは人間に限ったことではない。鳥や虫の世界でも同じである。人間の場合、表面的な魅力からその人の内面を探り、「美しい人はいい人」というステレオタイプを描き、外見に魅せられたら美しい内面を期待するというシンボル的な関連付けをする。イチローとトモ子との間に身体的魅力が働いたかどうかははっきりしないが、大学１年生という多感な時期に同じ授業を受講する異性の二人、というだけでも身体的魅力がある程度作用したことは想像できる。

　美の判断基準は見る側の眼の中にある。何が美しいか、魅力があるかというのは人によって千差万別である。文化や年代が異なると、基準も大きく異なる。現代の若者のファッションを一見して「かっこいい」と思う中高年は多くないし、逆に中高年の人たちに対して外見だけで魅力を感じる若者も少ないかもしれない。身体的魅力が対人関係を作ったり、発展させたりするきっかけになることは理解できるが、具体的に何が身体的魅力を高めるのか、という基準は個人によって異なる。

c. 類似性

　外見、行動パターン、考え方、性格など、相手が自分と同じ、あるいは似たものをもっているとそれが対人魅力に発展する。このことも社会交換理論を使って説明できる。自分と似た考え方をしている人と、全然違った性格を持っている人とでは、どちらの行動の方が正確に予測できるだろうか。考え方がまった

く違う人は何をするか想像できないので付き合っていてわくわくするかもしれない反面、多大な代償が要求される。したがって、自分と類似性が高い分、少ない代償で多くの報酬を得ることができるというわけである。

　日本人の場合、特に類似性を求めて人間関係を作ろうとする傾向が強い。A、B、O、ABのわずか4種類の血液型で人の性格や運命を占おうという文化は世界中で珍しい。しかし不思議なもので、自分と同じ血液型の人には親しみを感じ、相性が悪いとされる血液型の人との関係は「やっぱり」といって片付けてしまう傾向がある。いずれにせよ、似たもの同士がお互い魅力を感じることは理解できるし、逆に人間関係が発展することによって似ている部分が増えることもある。長年連れ添っている夫婦は、生活様式はもちろんのこと、性格や、ときには外見さえ似てくることもある。

d. 補完性
　類似性とは反対に、相手が自分にないものを持っているから惹かれる場合もある。能力や過去の経験、経歴、あるいは性格など、自分自身では持ち合わせないけど、憧れを感じるような何かを持っている人に対人魅力を感じることがある。男女の間も自分にはないものをお互い補い合いたいという気持ちが関係を発展させていく。性別には関係なく、共通点が何もないように見える二人がごく親しい関係を持続できるのが周囲には不思議に思えるような場合もある。人間関係が始まり、それが発展していく過程にはたいへん多くの要因が複雑に作用しあうので、単純な数式や型などを当てはめて対人関係の推移を説明したり、その関係が将来どのような方向に進むのかを予測することはできない。

e. 他者の評価
　初対面の相手でも、その人について周囲がどのような評価をしているか知っている場合がある。多くの人たちが高く評価す

る人には会って直接話をしてみたいと感じる。特に医者、弁護士、大学教授など、専門的な知識や経験を使って人の役に立つことを仕事としている人たちは、直接会ったことがなくても、何らかの評判を知ることができる。「あのお医者さんは腕がいい」と聞くと、病気になったら自分も診てもらいたいと感じる。

　専門的な能力ではなくても、日常の生活で出会う人についても、やはり周囲がどのような評価をしているか、ということは気になる。もし、トモ子がイチローについて以前から、「彼は女好きで、これまでに泣かされた女性がたくさんいる」という悪い噂を聞いていたとしたら、彼に対して警戒心を強めていただろう。もちろん、そんな噂があるからこそ、直接会って話をしてみたい、という冒険心のようなものがその相手に近づきたいという動機となる場合もあるかもしれない。

3　人間関係発展のプロセス

　さまざまな対人魅力がはたらいて二人の人間の出会いがあるわけだが、その力の中には運命とか、偶然のように当事者が自分でコントロールできないものもある。しかし、どのような力がはたらくにせよ、ひとたび二人の人間が出会ったら、その後の関係の発展や維持をコントロールするのは、やはり本人たちのコミュニケーションである。人間関係がどのような段階を経て変化するのか、またそれぞれの段階で見られる特徴的なコミュニケーションはどのようなものだろうか。

a. 人間関係発展のコミュニケーション
（1）出会いの段階のコミュニケーション

　最初の出会いでは簡単なあいさつを交わしたり、単に視線を合わせるだけかも知れない。しかし、短い時間で私たちは相手に対していろいろな印象を持つ。魅力的な人かどうか、近づきやすそうな雰囲気か、自分と似た感じかどうかといったことを

直感し、この先関係を深めていくべきか、それともただの顔見知りの関係にとどめておくかを判断する。

　この段階でのコミュニケーションは表面的で、当たり障りのない、社交辞令的な内容にとどまり、自分と相手に直接関係のない話題に終始する場合が多い。このような会話をスモール・トークと呼び、普段から多くの話題を準備していることによって、楽しい会話ができ、逆に話題がなければせっかくの出会いを一歩も前に進めることがなく終わってしまう。イチローとトモ子も、イチローがテキストを忘れてきたという状況と、たまたま隣り合わせに座っていたということからスモール・トークが自然に発生した。

　どの国や文化でも最も安全な話題が天気である。暑い、寒い、雨や雪がよく降る、といった話題を持ち出されて怒ったり、泣いたりする人はあまりいない。逆に政治、宗教、性に関する話題はこの段階では避けるべきである、といったことも文化、年齢、性別に関係なく共通している。

(2) 探り合いの段階のコミュニケーション

　顔見知りとなったら、次に世間話や軽いおしゃべりを通して相手のこと、そして自分と相手とのこれからの関係を「探り合う」ステップを迎える。名前の交換をしたり、身分、年令を探るための質問をしてみたり、あるいは相手がどのような方面の会話に興味を示すか試してみるのがこの段階の特徴である。

　探り合いの段階でのゴールは自分を抑圧することなく相手と交換し合うことができる話題、趣味、考え方などを見つけることである。その判断がその相手とのこれから先の関係の行方を決定する。この段階では相手に直接親しくなりたいかどうかを口にだして尋ねるのも不自然なので、微妙な非言語コミュニケーションを通じて相手に気持ちを伝えたり、また相手の気持ちを察しようとする。このようなあいまいなメッセージを送ったり、感じとったりする能力は日本的コミュニケーション・コンピテンスの一部である。

（3）関係強化の段階のコミュニケーション

　探り合いの段階を経た二人の間には相互の信頼が深まりつつある。これまで表面的だったコミュニケーションが次第にお互いの内面に触れるようになる。単なる知り合いとでは話題に昇らないような、たとえば自分の性格、家族、相手に対する気持ち、過去の秘密、金銭に関する内容、性に関することなどを打ち明けるようになる。自分たちの関係そのものに関することを話題にするのもこの段階の特徴である。

　ここではさまざまな話題に対する相手の反応を注意深く観察したり、その反応に応じて会話の内容を調整したりもする。たとえば男女間の非言語コミュニケーションを見てみても、いきなり最初からお互いの体を触れたりすると一度に関係は崩れてしまうかもしれない。椅子に座る際二人の間の距離を近づけたり、そっと手を触れたりしながら相手の反応を確認したうえで次の段階へと移っていく。

　このような特徴は男女間に限ったことではない。たとえば職場などでも最初はぎこちない人間関係が、共通の目標、スペースの共有、会社のスローガン、あるいは制服などにも助けられて親密な相互依存の関係が生まれる。上司と部下、同僚との関係がただの「同じ会社の人」というだけではなく、それぞれが特徴を出し合って、特定の関わり合いを中心にした人間関係が発展して初めて職場のムードが生産性の向上に貢献するようになる。

　関係強化の段階では特定の相手との間だけで意味を持つ言語、非言語シンボルが使われるようにもなる。たとえば名前も苗字に敬称をつけて呼ぶという型にはまったものではなく、下の名前やあだ名、愛称を使うようになる。自分たちを「あなたと私」というふたりの別々の人間としてとらえるのではなく、「わたしたち」というひとまとまりで考えはじめる。さらに自分の気持ちをひとつひとつ言わなくても相手から理解してもらったり、逆に相手の気持ちの微妙な部分を読み取ることもできるようになるので、ふたりの間だけでしか意味をなさないことばや非言

語コミュニケーションも使われる。

（4）統合の段階のコミュニケーション

　周囲に対しても二人の親密さが露呈するのが統合の段階の特色である。周囲の人間は当の二人がいつも一緒にいて当然だと思うようになり、片一方の人間にその相手のことについて尋ねたりする。イチローとトモ子との関係も公認され、二人も周りからお互いの親しい関係について尋ねられても肯定するようになる。

　二人の間のコミュニケーションは対人コンテキストに依存する度合いが高くなり、相手の気持ちを察して、相手に代わって物事を判断したりするようにもなる。たとえば相手が気に入りそうなものを相談しないで買ったり、注文したり、相手の持ち物を断りなく借りたりするのもこの段階である。この結果「わたしたちの本」とか「わたしたちの好きな曲」といった表現も聞かれるようになり、実際に多くの物を共有するようになる。

（5）結束の段階のコミュニケーション

　人間関係の発展でその頂点にくるのが結束の段階である。ここでは二人の間の関係が社会的、法的に正式なものとなる。婚約、結婚、契約などの形で関係を結ぶことによって二人の間柄が社会から認められ、自分の都合だけで簡単に関係を破棄したり、約束を果たさないことが許されなくなる。これは相手に対する責任を当人同士だけではなく、周囲にも約束することを意味している。

　結束の段階でのコミュニケーションの特徴として、二人の間の約束をシンボルとして表わす契約書、署名、あるいは指輪、お揃いの服装などの非言語的コミュニケーションが大きな役割を果たす。また当人同士の間では人間関係を深めていくために行うものよりも相手に対する責任を約束したり、あるいは責任を果たすうえでの細かい約束事を取り決めたりするためのメッセージ交換が頻繁に見られるようになる。

b. 人間関係後退のコミュニケーション

社会で形成される人間関係が法的な契約、人道的な約束によって永久に存続するものであるという保証はない。また長い時間をかけて作られた人間関係がほんのちょっとしたきっかけで崩れていくこともある。コミュニケーションが常に人間関係の発展に多大な影響を与えるプロセスである限り、それは後退していく過程とも深い関連をもっている。どの対人関係も崩壊していく過程が同一とは限らないが、関係発展と同様に5つの段階に分けて考えてみよう。

（1）食い違いの段階のコミュニケーション

人間関係が後退していく過程の最初が食い違いの段階である。関係が発展していく過程では、二人の間の共通点が強調され、相違点もお互いが我慢したり、逆に刺激になったりもした。しかしちょっとしたことから、それまでは耐えることのできた自分と相手との違いが関係の発展を妨げ、後退のきっかけとなる。イチローはこれまでトモ子と些細なことでは食い違いがあったかも知れないが、レポートを代わりに書くという大きな問題では、無視できない考え方の違いを感じている。一方トモ子もこれまで自分の言うことを何でも聞いてくれたイチローが、レポートのことに関してはかたくなに拒否することに対して、違和感を覚える。

その結果、二人のコミュニケーションも共通点ではなく、食い違いに向けられるようになる。関係発展の過程、特に関係強化や統合の段階で見られた「わたしたちの」、「ぼくたちの」という代名詞が「わたしのもの」、「あなたの問題」という単数形にとってかわられるのもこの段階のコミュニケーションの特徴である。些細な意見の食い違いからお互いの気持ちの深い部分を攻撃する議論に発展することもある。

（2）制限の段階のコミュニケーション

この段階では二人の間のコミュニケーションは量、質ともに

限られたものとなる。二人は食い違いの段階で確認された相違点に関する内容の会話を極力避けようとする。人間関係発展の過程の中の出会いや、探り合いの段階で見られた程度の内容のコミュニケーションが主なものとなる。しかしここではまだ関係を完全に破棄するまでにはいたっていないので、関係の改善を可能にするような共通点を探そうとしたり、少なくとも周囲には人間関係が暗礁に乗り上げていることを知られないようにする努力も見られる。

　イチローとトモ子の場合も、レポートのことではお互い譲れなかったものの、そのことだけでこれまでの友情、恋愛の関係を壊したくはない。しかし、大学の授業、成績、という重要な部分で二人の間の考え方の相違が明らかになった以上、そのことについて話をするのを避けなければならないので、コミュニケーションはどうしても窮屈な、そして沈みがちな状態に陥る。

（3）沈滞の段階のコミュニケーション
　二人がお互いにどうしても譲ることのできない考え、価値観、行動の仕方などでの相違点が共通点を質、量ともに上回ってくると関係は沈滞してしまう。この段階ではできる限り相手との深い会話を避け、特に相違点には注意を払うまいと努力する。ここまで人間関係が後退してしまうと元に戻ることが少しずつ困難になる。

　沈滞段階のコミュニケーションの特徴としては、二人とも不愉快な思いをすることを避けたいという気持ちから言語、非言語メッセージともに前もってできるだけの準備をするようになる。関係強化の段階などで見られたようなその場で自然にまかせた、気ままなことを口にするという傾向はほとんど見られなくなり、逆に奥歯に物がはさまったような、社交辞令的で冷たいコミュニケーションが支配的になる。

（4）回避の段階のコミュニケーション
　ここまでは人間関係が後退したとはいえ、その二人は実際に

頻繁に顔を合わせたり、あるいは生活をともにしてきた。しかし、回避の段階になると、二人の間には物理的な距離ができ別離の状態になる。回避の段階は一般的には短時間で経過するのでコミュニケーションはおおむね端的、直接的、そして非友好的という特徴がある。ことばではなく、非言語によって相手に対する反感、嫌悪感、あるいは憎しみを表わすことが多い。イチローとトモ子も、レポートの件でもし関係がここまで悪化してしまったら、もはや授業で隣りに座ることもないし、それを見た周囲の人たちも二人の関係がこれまでとは大きく異なっていることに気づかざるを得ない。

(5) 関係終決の段階のコミュニケーション

人間関係の後退の過程の最後が関係終決の段階である。それまでに交わしていた法律上、あるいはその他の契約、約束を正式に終決させ、関係に終止符を打つ過程である。もちろん対人関係がごく私的な場合、関係終決はそこまで明確な形をとらない。

この段階でのコミュニケーションは個人内コミュニケーションがほとんどで、相手との関係を終わらせたことをどのようにして自分自身に納得させるか、これから先どう生きていくのかということに対して自問自答する。人間関係が終わる、ということは多くの人にとって汚点となる。その汚点によって、その後の人生が大きく影響を受けることを避けるためにも、終わってしまった人間関係について自分の心の中で整理することが必要となる。「相手の責任で終わってしまったこの関係だけど、本当は最初からあの人は自分にはふさわしい人ではなかったのかも知れない。このあたりで終わったことは、自分にとっては幸いだったのだろう」などと、関係終結を正当化することもある。

4 自分の心を開くコミュニケーション・コンピテンス

　人間関係の発展、衰退の段階の推移、それぞれの段階でのコミュニケーションの特徴を考えてきた。出会いや探り合いの段階では自分自身の深い部分については相手に開かないが、関係が深まってくるにつれて会話の内容は少しずつ深く、また広い範囲に及ぶことが予想されると同時に、お互い何でも打ち明けられるということが人間関係発展に拍車をかける。コミュニケーションの分野では、自分のことを相手に伝える過程を自己開示と呼び、これまでに多くの研究がなされてきた。

　どのように自分を開くか、そして、自己開示と自己認識との相互影響についての基本的な知識を得て、実践的なスキルを身につけることがコミュニケーション・コンピテンスの向上に役立つ。トモ子とイチローの場合も、出会いの段階から少しずつ自分を開き、受け止め合いながら関係が発展した。コンピテンスが十分であった場合もあるだろうし、レポートの問題で対立が生じたとき、もう少し上手に自分の気持ちを相手に伝えることができていればもっと関係が発展していたかもしれない。

a. 自己開示と自己理解

　わたしたちは物理的、精神的、そして社会的にどのような特色をもった人間なのかという自分自身に対するイメージ、つまり自己概念をもっている。自分の顔、姿は鏡や写真で見て一応知ることができる。しかし他と比べてみなければ自分の特徴をはっきり認識するのは難しい。背が高い、低い、太っている、痩せている、目が大きい、小さい、髪が多い、少ないなどといったことも、比較の基準があって初めて判断できる。

　同様に各人の個性、人格も周囲との人間関係を通して理解できる。そればかりか自己形成そのものが対人コミュニケーションによって行なわれるのである。コミュニケーションの過程では自分の考えを表現すると、それに対して周囲からの反応を受ける。自分の意見、考え、感情を周囲からのフィードバックに

応じて修正することもある。もう一歩踏み込んでみると、考えそのものを作り出し、変化させること自体がコミュニケーションの機能である。自分が日頃から思っていること、感じていることをことばにして相手に表現してみると、「これはちょっと違うんじゃないか」、あるいは、「そうか、やっぱりそうだったのか」と自分自身に対する理解を深めたり、確認したりできる。

　人とのコミュニケーションにおいて自己のどの部分を開示し、隠すのかということを考えると、自己理解を高められる。ジョハリの窓の概念を使って自己理解と自己開示の関係を考えてみよう。自分自身について理解している部分と、他者が知っている部分によって「窓」が4つの部分に分けられる。

Ⅰ枠：「開かれた窓」は自分で理解し、他者にも開示している部分である。この窓には初対面の人との会話でもすぐに触れる氏名、学生か社会人かといった身分、出身地、学校や会社の名前などが含まれる。特定の相手とのコミュニケーションが頻度と緊密性を高めていくにつれて開かれた部分の面積は広くなる。

▼図7-1　ジョハリの窓

	自分が知っている	知らない
相手が知っている	開かれた部分	目隠しされた部分
知らない	隠された部分	未知の部分

Luft, J. (1970). *Group processes: An introduction to group dynamics.* Palo Alto, CA: National Press.

Ⅱ枠：「目隠しされた窓」は自分では気づいていないが他者は知っていることを指す。たとえば話すときの癖、声の調

子、性格の一部などがあげられる。他者からの批判に素直に耳を傾ける人と、頑固で人の言うことには耳を貸さない人とでは当然目隠しされた部分の広さが異なる。

Ⅲ枠：「隠された窓」は個人的なこと、私的内容からなっている。自分だけが知っていて他者には知らせていない部分である。過去の経験、政治的信念、宗教的信仰などは自発的に話さない限り人に知られることはない。関係が発展する過程で、隠された部分の内容を開かれた部分に移動させると、窓の枠もそれにともなって動く。

Ⅳ枠：わたしたちはどんなに深く考えても、また人とのコミュニケーションを重ねても知り得ない、理解できない「未知の窓」をもっている。性格の一部分、性的衝動、夢、などは自分にも、他者にも理解することのできない部分である。

　このように自分自身についての理解を深めることと、対人コミュニケーションとの間には切り離すことのできない関係がある。個人内コミュニケーションを通じて経験することと、対人コミュニケーションで他者と交換する内容とは表裏一体とさえ言える。わたしたちは対人コミュニケーションを通して初めて自己理解を深めることができるのである。

b. 自己開示の機能
自己開示には対人コミュニケーションを発展させたり、自己理解を深めたり、あるいは人間関係の親密さのレベルを表したりとさまざまな機能がある。

（1）親密な関係――人間関係にはリスクがともなう
　最初は天気のことや、表面的なこと、つまりスモール・トークが会話の主流である。しかし、天気の話ばかりしていても関

係は発展しない。会話が少しずつ、個人的な内容へと広がり、自己開示の程度も深くなって二人の間でだけ共有されることが増え、人間関係は親密になる。

　イチローもトモ子も同じ大学の学生で、同じクラスを受けているということ以外には共通点がない。そこで出身地や出身校を明らかにしたり、相手を不快にしないような話題を探しながら、お互いの関係を探り合いながら少しずつ親しい関係になっていった。その過程で、これまでには他の友人や、あるいは家族にも明かしたことがない、たとえば初恋や、子どもの頃の話、将来の夢などを話題にする。どのような話題だったら相手に受け入れてもらえるかというのは親密さの指標であるばかりではなく、そのような話題について率直に自分の考えを話せる、聴いてもらえるということを認識することによって親密さが増すのである。

　どのような人間関係にもリスクがともなう。まず、自分の秘密を相手に暴露されてしまうかも知れないという実質的なリスクがある。それから、相手を信じれば信じるほどその人から裏切られたり、その人との関係が破綻したりした時の心理的な打撃が大きくなる分、リスクは高まる。傷つきたくないから最初から深い関係を敬遠するという人が増えている現代の日本だが、人に自分の気持ちを打ち明けないことによって、自己理解ができなくなっている人も増えている可能性が高い。必要に応じた自己開示のコンピテンスを備えておくことは最低限の精神衛生を維持する上で欠かせないことなのかもしれない。

（2）自己理解──相手も同様

　図7－2を見てみよう。自分のことについてあまり人にしゃべらない二つのタイプを表している。しかし、自己開示が十分ではないといってもその原因と結果が大きく異なる。

▼図7−2　変形版・ジョハリの窓

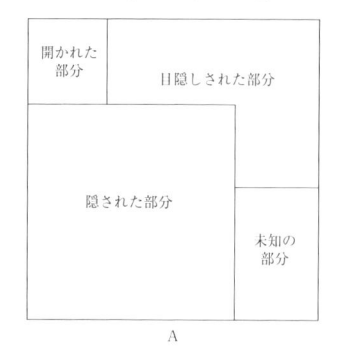

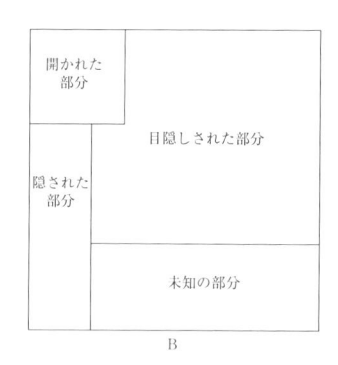

```
┌─────┬──────────┐      ┌─────┬──────────┐
│開かれた│          │      │開かれた│          │
│部分　 │目隠しされた部分│      │部分　 │目隠しされた部分│
├─────┴──┬───────┤      ├─────┤          │
│         │       │      │隠された│          │
│隠された部分│       │      │部分　 ├──────────┤
│         │未知の　│      │      │          │
│         │部分　 │      │      │未知の部分　│
└─────────┴───────┘      └─────┴──────────┘
          A                       B
```

　A、Bともに開かれた部分が大変小さい、自分のことについてあまり他人には話さない人の自己開示を表している。しかしよく見ると、開かれた部分が同じように小さい二人だが、その他の部分が占める割合はかなり違う。Aは、自分のことはよく分かっているのに対して、Bは隠された部分が大変小さい。その分、目隠しされた部分と未知の部分が大きい。Bの人は自分を開かないというより、開けない、つまり何を開けば良いのかわからないということになる。

　このことは、自己開示と自己理解が表裏一体の関係であることを示している。自分のことがよく分かっていなければもちろん開けない。しかし、自信がないからといって、思っていること、感じていることを開かなくては自分についての理解を深める機会を自ら奪っていることになる。これは、相手にも言えることで、お互いが自分自身を少しずつ開き合い、見つめ合い、確認し合うことによって、自分自身に関する認識を高め、深め合い、そのことが二人の間の信頼関係、親密さに貢献するというサイクルができあがる。

　自己開示は単なる意見発表や自己宣伝とは違い、自分自身に対する語りかけ、問いかけを含んだ、自己理解のきっかけとなるかけがえのないコミュニケーション行動である。効果的で適切な自己開示の方法、技術を身につけておくことは人間関係を豊かにするだけではなく、しっかりとした自己認識につながる。

(3) カタルシス効果

　自分を開示すること自体が目的で人に話をすることがある。相手に話を聞いてもらい、それによって関係を深めるとか、相手に何かしてもらいたいのではなく、話を聞いてもらうことで満足するという経験は誰にだってある。自分についての話を聞いてもらえる人がいない、その機会がないという場合、偶然にもある人に普段から感じていること、思っていることを打ち明け、真剣に聞いてもらえると、「話せてよかった」という気持ちになる。

　このような精神の浄化としての自己開示の機能は大きい。高齢化社会になり、一人暮らしのお年寄りや、介護を必要とする人が増えてきたのにともない、家族や介護者との人間関係、対人コミュニケーションも大きな課題となってきた。お年寄りや、介護を必要とする人など、限られた人間関係の中で自己認識と自尊心を維持しなくてはいけない人たちにとって、自分の話を聞いてもらえる人がいるということは必要最低限の人間の欲求を満たす上で欠かせないのである。

　悩みや不安を抱えている時に自分の話を親身になって聞いてもらえて悪い気分になる人はいない。人に問題や悩みを聞いてもらっても何の解決にもならないかもしれないが、胸の中につかえていたこと、わだかまりを少しでも吐き出すとスッキリして、それによって新しい道が開けたり、新しい情報や刺激を求めようという気持ちになる。自己開示のカタルシス効果とは、溜まっているものを吐き出すことによって、心に新しいスペースを作り、新しい考え方を見出す余裕を自らに与えることを意味している。コーチングによって、本人に現状と将来の目標などについて語らせることもこのカタルシス効果を応用したものだといえる。

c. 自己開示のコンピテンス

　自己開示には人間関係を促進したり、維持したりする対人的な機能に加えて、精神状態を高めるという個人的な役割が多く

含まれている。もちろんどんな相手にもみさかいなく自分のことについてベラベラしゃべればいいということではなく、自己開示の効果を最大限活かすにはそれなりの知識、考え方、技術、つまりコンピテンスが求められている。

(1) 適切さを考慮する

　自分のことについて話をする際、相手、状況、それに自己開示の内容が適切であるかどうかを見定めるのもコンピテンスの一部である。元来、状況や相手の気持ちを読む「察し」は日本的コミュニケーション・コンピテンスと考えられてきた。しかし、現代日本人の対人関係を見ると、その能力が備わっていないと思われる行動も珍しくなくなってきた。

　イチローとトモ子の場合、どちらか一方が包含欲や愛情欲を過度に持ち、常に自分のことを中心に会話が推移しなくては満足しなかったり、頻繁に相手の話に割って入ったり、ということになると二人の関係は長続きしない。

　二人が会う場所が学校の授業、デート中の公園、またはレストラン、居酒屋なのか、ということによっても適切な話題や話の切り出し方は異なる。物理的、社会的コンテキスト、それに相手の気持ちなど、随時状況を読むための繊細さを身につけておくことが自己開示のコンピテンスの第一歩である。

(2) 小出しにする

　初めて会った人から、いきなり過去の赤裸々な経験や個人的な幻想について聞かされると面食らう。どんな相手でも、自分のことについては少しずつ、聞き手の様子をうかがいながら表現する方が安全である。状況や相手の様子によっては、「適量の自己開示」の基準を見定めるのは容易ではないが、だからこそそのときそのときの状況を的確に判断して、どの程度自分を出すのが適当なのかを決める必要がある。

　自己開示が相手と自分の関係を高めたり、深めたりするのに欠かせないコミュニケーション行動であることは言うまでもな

いが、一度に相手が個人的なことをまくし立てたり、逆に根掘り葉掘り尋ねてきたりすると、そんな相手は敬遠したくなる。少しずつ出し、相手の様子をうかがいながら、場合によっては多めにという方がコントロールしやすい。また、普段はおとなしいのに、お酒を飲むと相手が聞いていようがいまいが関係なく自分のことについて話す、というのもやはりコンピテンスが偏っていることの表れである。

(3) 話の順番に注意する

　物事には順番がある、という鉄則は自己開示にも当てはまる。文化や、年齢、性別、状況によってもいくらか変化する場合もあるが、一般的に自分のことを相手に話す際には表面的、また誰に知られてもかまわない内容から始め、少しずつ深い部分へと進めていく。話題別に並べると、およそ以下のような順番になる。

① 名前、出身地、身分（学生か社会人かという一般的な部分）、およその年齢
② 趣味、嗜好
③ 個人的関心
④ 思想、信念
⑤ 金銭について、価値観
⑥ 身体について（健康、病気、障害、性的関心）

　もちろんこれは守らなければ罰せられる規則ではなく、不文律で多くの人が合意している社会的規範なので、個人の判断で大きく変わる場合もある。しかし一般に、初対面の相手にいきなり「私の年収は〇〇円ほどですが、あなたは」とか、「私はあなたの鼻はおかしいと思う」などということを言うとその後の関係を期待することはもちろんできないし、人格を疑われる。法律やルールのように厳密に守る必要はなくても、豊かな人間関係を築きたいと思うのであれば、やはり自己開示の際の話題

の順番も考慮に入れるべきである。

（4）相手とのバランスを考える

　説得の理論のところでも紹介したように、私たちは心の中の均衡を保ちたいと思うし、そのバランスが崩れそうになったら何とかその状態を改善しようとする。バランスを保ちたいという気持ちは自分と相手との自己開示の量や内容についてもいえる。自分の気持ちや過去の秘密など、深い自己開示をするにつれて対人関係のリスクは高まる。このリスクは相手と自分との自己開示のバランスが取れていない場合、特に偏った状態となり、そのままでは健全な人間関係を維持することが難しくなる。

　相手のことはほとんど何も知らないのに、自分のことは相当深い部分まで相手に伝えているというのは危険な状態である。街の中でいきなり人の前に現れて、「エステに通わないか」、「英会話学校に来てみないか」といういわゆるキャッチセールスにつかまり、金銭的な打撃を受ける人があとを絶たない。もちろんそのような販売方法に問題があるのだが、見ず知らずの相手に名前や連絡先を教える、一方的な自己開示に対する防衛が必要である。

　これは極端な例だとしても、一般の人間関係においても、どちらか一方だけが自己開示を行い、他方はほとんど自分のことについて明かさないという関係は長続きしない。自分と相手との開示の程度、内容をほぼ同じにする努力が必要である。これを応用してみると、相手にもっと情報を提供してもらいたいのであれば、一方的に質問ばかりする代わりに、自分の方から少しずつ心を開いていけば、相手もそれに応える形で自己開示する可能性が高い。相手に名前を尋ねる前に、自分から名乗る、というのが端的な例である。

（5）とっておきの話は大切な相手だけに

　心の中の最も深い部分にあることを打ち明けるのは相手を信頼している証だし、そのことによって相手との親密さが増す。

しかし、そこまで信頼できる相手、今後どんなことがあっても付き合っていきたいという相手が何十人もいるという人はめったにいない。にもかかわらず、「ここだけの話だけど…」と断りながら、誰にでも深いことを打ち明けていると人から信用されなくなる。

　打ち明けられた相手は、「私はこの人からこんなに信用されているんだ」と思う。もし、同じようなことを相手かまわずしゃべるようでは、相手に植え付けた信頼を裏切ることになる。とっておきの話は、他の部分を開示し、相手と十分な信頼関係が築けた後初めて披露するものである。相手との関係や、状況を的確に判断する洞察力がものをいう。

Review Exercise

1. 今までに親しく付き合った人との関係を思い起こしてください。何をきっかけに出会ったのか。出会いを含めて、二人を惹きつけあったお互いの魅力は何だったか。その人との関係は出会い、探り合い、関係強化、統合、結束の段階を当てはめるとすれば、どのようにして推移していったでしょうか。また、もしその関係が衰退したとすれば、この章で示したような段階を経ましたか。さらに、その人との関係の中で、あなたはシュッツの包含欲、愛情欲、支配欲をどの程度持っていて、またどのくらいそれぞれが満たされているでしょうか。自分と相手との関係を一歩下がったところから見てみるのは簡単なようで、実際はかなり難しいものです。しかし、自分自身の人間関係を客観的な立場から観察したり、評価したりする能力はコミュニケーション・コンピテンスを高めます。

2. あなたの自己開示の様子を考えてみましょう。ジョハリの窓を描いてみて、それぞれの枠の中に入れるべき内容がどのようなものか、そして一つ一つの領域の広さは自分で理想としているものに近いか、自己評価してみよう。相手を同性の友人、異性の友人、知り合い、兄弟姉妹、母親、父親、隣人などに分けて考えてみて、どの相手と接する時の自分が最も広い「開かれた窓」を持っているのか、振り返ってみよう。もし、自分が日頃意識している、また理想としている自己開示のあり方と違っているとしたら、何が原因でそうなっているのか、思い当たることがないか考えてみてください。

第8章 小集団コミュニケーション・コンピテンス

エピソード

　あなたは大学の授業でグループ・プロジェクトに取り組んでいる。あなたは別のクラスでも一緒だったタカシ、ケン、ミホ、それにケイコの5人でグループを作ることにした。最終目標は「模擬大学経営コンサルティング・チーム」として、大学の将来計画に関する案を作り、理事会で行なうプレゼンテーションの準備をすることである。

　少子化の影響で入学希望者が減少し、多くの大学で財政が圧迫され始めている。今後特徴を持った大学だけが優秀な学生を獲得すると予想される。魅力ある大学にするためには、伝統や過去の実績に頼るのをやめて、将来の国際社会の需要を見越した教育、そして学生の個人的成長の機会を提供できるように、斬新的な改革が必要である。多くの資料を入手し、情報を分析して、実行可能、かつ効果的な策を学生の立場から提案したい。このプロジェクトはメンバーの総力を結集してあたらなければ成功を収めることはできない。

　メンバーの中ではケンがリーダー格の存在。話し合いの集合場所や時間を決め、懸案事項を整理し、ディスカッションをまとめてきた。最終的な決定をするのもケンである場合が多い。タカシはおとなしいが、与えられた仕事は責任を持ってやり遂げるタイプ。ミホはグループの雰囲気が沈みがちな時に他のメンバーに元気を与えてくれる発言をする。ケイコもタカシと同様静かだが、肝心な時発する一言がこれまでのグループの意思決定で大事な役割を果たしてきた。

　最終発表も近づいてきたが、これまでは一人ひとりのメンバーがそれぞれの役割を果たして仕事をうまくこなしてきた。プレゼンテーションの準備も順調に進んでいるように思えるが、長い間同じメンバーで活動してきたせいか、グループはマンネリ化する傾向にある。ディスカッションも盛り上がりに欠け、誰も何も発言しないこともある。

　「じゃあ、これを最終案として出したいけどいいかな」とケンが投げかけると、他のメンバーはその内容を十分に検討することもなく、「さすがリーダー、それでいこう」と、コンセンサスができたように思える。しかし、プレゼンテーションの結果は散々で、さまざまな部分で検討不十分、あるいは実行不可能という指摘がなされた。

私たちは学校の授業やサークル活動、会社の仕事、地域活動など、みんなで意見を出し合って行動計画を立て、割り当てられた仕事をすることがある。全員の顔が見える程度の人数（三人から十五人程度）で、それぞれが過去の経験、情報、知識、能力などを出し合って共通の目標を達成しようとする集合体を「小集団」と呼ぶ。グループ志向、集団主義的な傾向が強いと考えられてきた日本人だが、最近は個の時代と言われ、集団の規則やしがらみに縛られずに自分だけで仕事を片付ける方を好む人も増えてきた。

　しかし、ひとりではできないがグループでやるからこそ効率よく、効果的な成果を収めることができる仕事も多いことには変わりない。ディスカッション、問題解決、意思決定を効果的に行ない、最大限の成果を収めるためにはメンバー一人ひとりのコミュニケーション・コンピテンスが重要な役割を果たす。ただし、性格や価値観が異なる人間が集まって、それぞれの個人的欲求を満たしながら、同時にグループに課せられた仕事を成し遂げようとするのだから、当然二人だけの関係ではないような問題も起こる。

　小集団の特色をコミュニケーションの視点から見て、集団内での人間関係を豊かなものにし、グループならではの効果を上げるためのコンピテンスを考えてみよう。

1　グループの特徴

　エピソードに登場する「あなた」は、タカシ、ケン、ミホ、それにケイコとはこれまでにも同級生、友人としてつきあってきた。話をしたり、食事をしたり、授業のことで助け合い、良好な関係を保ってきた。だからこそ、今回の授業ではこの五人で協力し合ってプロジェクトに取り組むことにした。

　しかし、二人で特別な目的もなく話をしたり、ともに行動をしたりする時には何も感じなかったが、五人でグループを作り、

しかも大がかりなプロジェクトをするとなると、人間関係や、話し合いの際のコミュニケーションは格段と複雑化する。それぞれのメンバーが効果的で適切な知識や能力、つまりコミュニケーション・コンピテンスを備えていないと、せっかくのいい関係が崩れてしまい、それぞれのメンバーの潜在的な能力が十分に生かされることなく、プロジェクトも失敗に終わってしまう可能性がある。

　三人以上の人間で集団を作り、力を合わせて共通の目標に向かう際、人間関係上どのような特色が見られるのか、どのようなプラスの力、マイナスの力が働くと予想されるのか。

a. われわれ意識

　マズローの要求階層理論や、シュッツの対人欲求理論などでも考えてきたように、私たちは何らかのグループに所属し、その一員として認められたいという欲求を持っている。同じような欲求を持っている人間同士が出会いの段階や探り合いの段階を経て、一つのグループを形成するのはごく自然なことである。

　ひとたびグループを形成したら、グループの外と内の間に境界線を引き、結束を高め、仲間意識を高揚させようとする。メンバー一人ひとりがグループの目標を達成しようという目的意識を持ち、それぞれが力を出して初めて目標が達成できるという適度な責任感や義務感を持つと、集団内のわれわれ意識が強くなる。

　企業や組織ではこのような意識を高めるために、会社のロゴを工夫したり、制服を作ったり、あるいは福利厚生施設を充実させて、その組織の一員であることに誇りを持たせ、メンバー意識の促進に努めている。グループの結束が高まってくると、そのメンバー同士でしか意味が通じないようなことばや非言語メッセージが使われるようになる。グループに所属して力をあわせてゴールを達成するためには、個人個人の目的や関心よりも、集団の目標を優先させることが必要である。もちろん、集団の目標が達成されることによって、個人に幸福がもたらせら

れるという意識も欠かせない。

b. グループ規範

　プロジェクト・グループの中で「われわれ意識」が芽生える頃、グループの一員として守らなければならない「掟」のようなものができ始める。これは、法律やスポーツのルールのように明文化されてはいないが、集団の一員として認められるためには常に心の中に留めておくべき不文律の行動指針のようなものである。たとえば、話し合いをするとき、約束の5分前には必ず集合場所に着いておくべきとか、万一遅れそうな場合はケンに連絡を入れるとか、話し合いのまとめはノートの整理が一番上手なケイコがして、次の集まりまでに全員分のコピーを用意する、などである。

　どのようにして決めたのかははっきりしないが、誰からともなく始めた一つの行動が規範となったり、誰から言われるまでもなく分かっているはずのことがグループ全員の規範となったりして行動、考え方を導く。仮に新しいメンバーが加わった場合、グループの一員として皆から認めてもらうには、その人には暗黙の規範を守らなければならないというプレッシャーがかけられる。

　グループの規範は、もっと大きな枠組み、たとえば「文化」によっても影響を受ける。「出る杭は打たれる」という考え方がある日本では、一人だけが才能や過去の経験によって際立った存在になるのを嫌う傾向がある。そのような背景があると、あまり頑張りすぎるのはよくない、だから適度に手を抜くべき、というあまり感心できない規範が成立してしまうこともある。また、上下関係に敏感な日本人のグループでは、下の立場の者が、上に対して批判や反対意見を率直に述べることもあまり感心できないという暗黙の了解がある。グループ規範はメンバーの行動を統率するという点では有効だが、「これまでやってきたことだから」という理由だけでこだわりすぎると、一人ひとりのメンバーが持っているせっかくの才能や知識をうまく引き出

せないこともある。

c. 豊富な情報源

　どうして一人ひとりではなく、グループでプロジェクトを行なうのか、という根本的な理由は、複数の人間が同じ問題に取り組むことによって、多くの情報、刺激、視野などを提供できることである。一人でやるとどうしてもいつも同じ視点からしか物事を考えることができない。5人の学生が集まって未来の大学像を検討するという今回のプロジェクトも、さまざまな視点から問題を見たり、異なった経験を持った人が独自の考え方を出し合ったりして、多角的な問題解決ができる可能性を秘めているからにほかならない。

　同じクラスにいる同年齢の学生でも、タカシ、ケン、ミホ、ケイコ、それにあなたでは家族構成、経済状態、アルバイトの経験、サークル活動などさまざまな点で異なる背景を持っている。これら5人の学生がひとつの問題に真剣に取り組み、率直な意見を出せば、将来の大学像も多角的な視点から検証できるはずである。さらに、5人のメンバー一人ひとりが本、インターネット、専門家とのインタビュー、テレビのドキュメンタリー番組、などの情報源を使ってディスカッションの材料を集めてくれば、それこそ無限の情報源を利用することができる。

d. 相乗効果

　小集団はこのように無限の情報源が利用できる環境にある。それらの情報源と、それぞれのメンバーが発揮する「やる気増進パワー」のようなものがあれば、相乗効果としてメンバー数の和を上回る生産量と効果が期待できる。メンバー一人の能力を「1」とすると、5人のグループでは最終的な生産量と質が「5」を上回るはずである。

　この点について、私たちは誤解をすることが多い。グループで仕事を任された場合、それだけ責任が分割されると考えないだろうか。もし失敗しても、それは団体責任であって、自分だ

けが非難、批判されることはない、と。しかし、これは逆で、学校の授業でも会社の仕事でも、任せた側の教師や上司は「5人でやるんだから、一人ひとりの仕事量の和を上回るものが期待できる」と考えるのである。もし最終的な結果が質、量の面で「5」あるいはそれ以下だとするとグループを作ることには意味がなくなってしまう。

　実際、グループで話し合いをしていると、一人で考えても出てこないようなアイデアを思いつくことがある。単純な問題解決でも、一人で悶々と考え、壁にぶつかってしまうとそれ以上創造的な考え方が期待できなくなる。自己開示のカタルシス効果のように、自分の考えをことばにして放った時、あるいは人の話に耳を傾けた時、それまで想像もできなかったような新しい考え方と出くわすことがある。メンバーの「情報力」と、ゴール達成の「動機力」を合わせて、グループの潜在的能力を最大限に発揮し、ひいては個々のメンバーの収穫、成長につながるのが小集団の特長である。

e. 時間と忍耐が必要

　グループで仕事をすると、個人で行なうより効果的、また場合によっては効率よくゴールを達成することができる。その反面複数の人間が集まって仕事をする分、個人による作業には見られないような問題も発生する。そのひとつは、多くの時間が必要ということである。メンバーが増えると、全員が集合できる時間を見つけるのが困難になり、実質的、生産的な議論までにはウォーミング・アップも必要である。

　また多くの意見が出され、多角的な視点から問題が検証されればされるほど、それらの意見や情報をまとめてグループ全体のコンセンサスを得るには、メンバーの忍耐力も大切な鍵を握る。ひとりでやれば簡単に終わる仕事でも、ときとしてはグループの中に経験ややる気不足のために理解力に欠ける人がいることもある。メンバー一人ひとりが同じ土俵に立って共通の問題点について話し合うまでには、時間と忍耐力が必要である。

2 問題解決・意思決定のコミュニケーション・コンピテンス

　潜在的能力や豊かな経験を持った人たちでグループを形成して共通の目標の達成には、個々のメンバーのコミュニケーション・コンピテンスが必要である。その中でもグループによる問題解決型コミュニケーション能力の役割は特に大きい。

a. 問題解決思考
　複数の人間の経験や知識を結集して最良の意思決定に導くには、その過程での話し合い、議論、情報収集などのコミュニケーション活動を体系的なものにする必要がある。効果的なのが問題解決型思考パターンである。これは説得プレゼンテーションや二人の対人関係で問題を解決しようとする際にも役立つ。以下のステップで問題解決を目指す。

(1) グループの使命、責任、目標を確認する
　大学の授業や企業の研修で、「では今からグループで話し合ってください」と言うと、皆さんいきなり話を始める。「『話を始めろ』と言ったではないか」と叱られそうだが、不思議なのは何について、何のためなのか分からないで話し合いを始めるということ。グループで話し合いを重ねて最終的な答を出してプレゼンテーションやレポートの提出が求められている場合、話し合いを始める前に全員で確認しなくてはいけないことがある。

　それは、グループに求められていることが何なのかを一人ひとりが理解し、全員で共有することである。その過程を経て「われわれ意識」が高まり、結束が強くなる。あなたのグループは、大学の理事会に対する提案はいつまでに、どのような形で行なわなくてはいけないのか。規模は、たとえば1年から3年程度の短期の提案が望まれているのか、それとも5年から10年の中長期なのか。もし問題解決のための資料や調査に経費がかかるとすれば、どの程度の予算が組まれているのか。今回のグループは提案をした段階でプロジェクト完結と考えてよいの

か、それとも提案の実行にも関与するのか。
　これらの疑問点をはっきりさせなくては、個々のメンバーがばらばらの目的意識を持ったまま話し合いを始め、途中で多くの食い違いが生じ、せっかくの意見、情報を時間をかけて話し合ったことが無駄になってしまう。最初にグループに求められていること、与えられている権限や責任について、一人ひとりが同じ理解をすることが大切である。

(2) 問題点を明らかにする
　グループの目的意識と、最終的なゴールが共有できたらいよいよ問題解決を始める。でも焦ってはいけない。解決策を提示することが最終的な目標だが、効果的な解決策を出すには、問題の実態を理解しておくことが欠かせない。今起こっている、あるいは将来起こることが予想される問題の実態や規模、原因などについて正確な情報を収集し、十分に検討、分析しなくては、解決策は「絵に描いた餅」になってしまう。
　大学の理事会に提出する提案を作成するために、あなたのグループはさまざまな情報源を駆使してできる限りの情報収集をする必要がある。グループが直面している問題点を実際の疑問文にして個々のメンバーがリサーチをすると効果的である。

　　課題：魅力ある大学にするための対策

確かにこれがグループに与えられた課題なのだが、このままでは何をどうすればいいのか分かりにくい。漠然としたイメージだけでリサーチを始めると、個々のメンバーはばらばらの方向に進んでしまい、集めてきた情報がかみ合わなかったり、逆に重複したりする。さらに、この課題にはあいまいなことばがたくさん含まれていて、このままでは解釈は統一できない。「魅力ある」とはどういうことか。「大学」は在校生だけを指すのか。アカデミックな面だけを考えているのか、それとも課外活動や、交通の利便性なども含めるのか。

そこで、この課題についてメンバーが自由に意見を述べて問題点をいくつかの疑問文に書き換えてみる。それらを整理して、メンバー一人ひとりが持つ「魅力ある大学」に対するイメージを明確にし、理想を実現するための展望（ビジョン）を共有できる。

　　総合的な問題点：高校生に魅力ある大学とみなされるには、
　　　　　　　　　どのような改革が必要か。

　　具体的な問題点① 本学の卒業生は大学で学んだことを就職に
　　　　　　　　　　どの程度活かせているか。
　　具体的な問題点② カリキュラムの満足度はどの程度なのか。
　　具体的な問題点③ 図書館、体育館、学生食堂などの施設はど
　　　　　　　　　　の程度充実しているのか。
　　具体的な問題点④ 課外活動に対する学生の満足度はどうか。
　　・・・・・・・
　　・・・・・・・

　このように、グループでの話し合いの方向性を確認するためには漠然とした課題ではなく、そこから出発して個人的な経験を通して考えられるさまざまな問題点、あるいは問題の領域が列記できる。一人ではなかなか見えてこない複数の視点を、話し合いによって思いつくことができるということがグループ・コミュニケーションの利点である。

（3）情報収集

　問題解決の方向が見えてきたら、次のステップはそれぞれの問題点についてリサーチを行ない、できるだけ新しい、多くの情報を収集することである。

　欲しい情報はなんでも入手できるようにも思えるが、際限なく情報があふれている分、それを利用する際の注意点も多い。まず、本やインターネットに書かれていることは生の材料であ

ってそのままでは食べられない、ということ。グループでの問題解決に活用できる状態にするには、材料を料理しなくてはならない。集めてきた生の情報を解釈して個人の知識に加工するのである。「加工」といっても自分の好きなように、適当に手を加えるのではない。情報とそれに対する意見や経験を加えてグループのメンバーに投げかけてみる。そしてメンバーから返ってくる反応や意見を考慮し、それぞれの情報が自分たちにもたらす意味を十分に考えておくことが「加工」の意味である。

　たとえば、他大学の資料や情報を参考にして大学の理想像を考えるのはたいへん結構なことであるが、他大学とは規模、立地条件、過去の評価、対象としている学生などさまざまな点で相違がある。それらの相違点を差し引いたり、加えたりして生の情報を利用する。情報を知識に変換する作業も個人で行なうと偏った方向に進んだり、細かい点を見落としたりしがちだが、グループのメンバーによる「複数の目」を利用すれば、かなり正確な解釈ができるはずである。

　情報収集の際、私たちは先入観、偏見、思い込みなどの認識のフィルターに影響される。たとえば、メンバーの一人であるミホが最近大学の教務課で不愉快な経験をしたとしよう。成績証明書を受け取りに行ったのに準備ができていなかった。窓口の職員は「受け取りの日にちをあなたが勘違いしている」と説明したが、その日気分が優れなかったミホは「感じ悪い人」という印象を持った。そんな彼女が、本学の学生サービスは高く評価されているという資料を目にしても、信用する気にはなれない。極端な場合、その資料はなかったことにする、と考えてしまうこともある。

　私たちは感情を持った動物である。一つ一つの情報を完全に客観的に受け取ることはできない。だからこそグループのメンバーによる複数の視点が役に立つのである。情報収集の過程で、グループで最初に問題だと思っていたことは実は見当違いだった、ということもあるかもしれない。そうなったら、臆することなく軌道を修正し、問題点のとらえ方を改めることが効果的

な解決策に結びつく。

（4）問題解決の基準、限界を考える

　情報を集め、グループ内で検討、解釈して自分たちの知識として蓄積できたら、問題の解決策を練る段階である。しかし、その前に確認しておくべきことがある。「魅力ある理想の大学」はそれほど簡単に作れるはずがない。簡単にできているのならば、これまで問題はなかったはずである。
　グループで多くの情報を集めて現在の大学の問題点がいくつか明らかになったとしよう。それらの問題をすべて一度に解決できるような策を講じることは困難だろう。そこで、自分たちのグループが直面している枠組み、あるいは限界についてあらかじめ話し合い、確認しておくと現実的で効果的な解決策を生み出す可能性が高くなる。
　たとえば、大学が財政難であるのに、「１０億円かけてコンピューター教室と学生食堂に設備投資する」というのは現実的な解決策とはいえない。また、「大学で旅行会社を設立して学生の旅行や就職活動、教職員の出張などの手配はもちろん一般市民の旅行代理業務も行なう」という案は法律上、また倫理的な限界を超えているかもしれない。このように、解決策を提案する上で経済的、法的、倫理的、あるいは物理的な限界が何なのか、どのような枠組みの中で解決策を講じるべきかグループで話し合っておく必要がある。

（5）解決策の案を作る

　情報を収集、解釈し、問題点を明らかにし、さらにさまざまな枠組み、限界が確認できたら、解決策の段階である。これまでの、目的を明確にし、目標を絞り、必要な情報を集めて枠組みを確認するというステップをひとつひとつ確実に踏んでいれば、グループにとって解決策を作る過程はそれほど困難ではない場合が多い。
　最初から最良の解決策を導き出そうとするのではなく、でき

るだけ多くの候補を出す。メンバーがお互いの意見を評価、批判することなく自由に述べ合い、そのひとつひとつを書き留めておく、ブレーンストーミングという手法が役に立つ。これまでのグループ・ディスカッションを踏まえながらも、楽な気持ちで自由に発言し、意見が出尽くしたところで実行可能なものとそうではないものに分けたり、似たものをまとめたりしながら、解決策の案を出す。

　意見を自分の考えとして明確に発表し、人の意見に耳を傾け、必要なときには客観的、批判的に他の人の意見を評価するコミュニケーション・コンピテンスが重要である。

(6) 解決策の実行、シミュレーションを行う

　あなたのグループには解決策を実際に運用する責任も権限も与えられていないので、このステップは当てはまらないが、これも問題解決グループの仕事としては重要な詰めの部分であることには変わりない。解決策を実施しなくても、想像できる効果、問題点について意見交換し、必要があれば解決策に修正を加えることができるのも、人間がシンボルを使って未来のことをシミュレーションする力を持っているからに他ならない。

　一人で考えても思いつかないような未来像、問題点などを他のメンバーと意見交換できるのがグループの強みである。どんな解決策でも、それが実行不可能であったり、非現実的な構想であったりすると、グループ・プロジェクトは高い評価を得ることはできない。この段階まで来ると、グループのメンバーも疲れが出たり、同じグループで仕事をしていることに対して飽きたりということも想像できる。大切な最終段階なので、最後まで気を抜かないで仕事をやり遂げるというのも社会動物、人間ならではの能力のはずである。

(7) 問題解決のプロセス全体を振り返る

　解決策を作り、それを発表してしまえば仕事は完了である。授業で課せられた仕事は完了なのだが、これまでを振り返って、

そこから新しいことを学ぶのも人間のシンボル能力である。プロジェクトが成功したかどうかにかかわらず、問題解決の過程で起こったコミュニケーション上の問題について反省をしておくことは、個人の成長に役立つ。

「反省会」と称して打ち上げをすることがあるが、お酒を飲んで楽しむことが主目的で本当の反省などめったにすることがないような気がする。反省は悪かった部分だけを省みて今後どう改めるか考えるだけではない。うまくいったこと、楽しかったことも振り返り、グループの仕事面での反省、それにメンバーの士気や結束といった精神面で気がついたことについて意見交換をすることが個々のメンバーの成長、コミュニケーション・コンピテンスの促進に結びつく。

b. コンセンサス

グループの意思決定の最終的な手段として考えられるのが、多数決、リーダーによる決裁、それにコンセンサスである。意思決定をするグループのメンバーが、決定事項の実行にも関わる場合は、メンバー一人ひとりが決議内容の詳細を理解し、さらにそれを全面的に支持しているかどうかが計画案の推進力に大きな影響を与える。トップが大筋のことを決めて現場の実行部隊が詳細を練る欧米式のやり方と、実行に加わる部署の担当者が最初から計画案の作成に参加する日本式の意思決定の方法は対照的である。欧米式の意思決定が短時間で行われ、実施に多くの時間を要するのに対して、日本のコンセンサス方式では意思決定に多大の時間をかける分、迅速な実行が可能であるという違いが指摘されてきた。

欧米式の経営法を取り入れる企業が増えている現代、この違いが今でも見られるかどうかは別として、和を尊ぶ日本人にとって最終的に全員が同じ意見を持ち、満場一致で何かが「決まる」ことを重んじる傾向は強い。「決める」というより、「決まる」方が大切なのである。

しかし、さまざまな考え方、意見、価値観などを持った人間

が集まる以上、それほど簡単に満場一致で何かが決まることはない。にもかかわらず表面的な意見の一致が見られた段階でコンセンサスができたと考えると、後の段階になって実行が困難であったり、法的、倫理的に間違った決定をしてしまうことにもつながる。そこで、真のコンセンサスに求められるコミュニケーション・コンピテンスを理解しておきたい。

(1) 意見交換を尽くす

グループのメンバー全員が意見を述べることはコンセンサスに欠かせない。ただし、個々のメンバーのコミュニケーションのスタイルは異なるので、表面的に、特に言語メッセージを発する頻度や、発言の長さだけで意見を述べたかどうかを判断するのは難しい。あなたのグループのタカシやケイコは他のメンバーと比べると発言量が少ない。しかし、発言している時間にかかわらず、どの程度グループの意思決定に貢献しているかは本人と周囲の認識の問題である。いずれにせよ、グループのメンバー全員が、もうこれ以上述べたいことはないという状態まで徹底的に意見を交換することがコンセンサスの一歩である。

(2) 問題点を十分に吟味する

重苦しい問題や不愉快な事情を好む人は少ない。自分が在籍する大学のさまざまな問題点に直面するのは誰だって気が進まない。しかし、最良の解決策を生み出すためには今、ここで自分たちが置かれている立場を十分に理解し、不快な気持ちにさせられるような問題からも目をそむけずに、客観的、批判的な立場から厳しい目で見て率直な意見を交換することが欠かせない。ときには自分たちの立場を不利にしたり、内部の人間からいやな目で見られたりすることもあるかもしれないが、臭いものには蓋をするやり方で問題点から逃げていたのでは、抜本的な問題解決とはならない。

（3）代替案を検討する

　最良の意思決定かどうかは、他の案と比べてみて初めて判断できる。最初から一つだけ案を作り、早い時期から一つに絞るのではなく、常に複数の案を比較対照させ、それぞれのプラス面とマイナス面を体系的に検討する。最終案がこれ以上ないくらいによく工夫、検討されていることを確信するためにも、代替案をぶつけてみて確認したい。代替案を紹介すると自分の考えを通したり、守ったりするために活発な議論が展開される。そのような活発な議論こそが揺るぎないコンセンサスを形成するのに役に立つ。

c.「集団浅慮」に陥らずに生産性を上げる

　エピソードのグループ、これまでは5人が力を合わせて仕事をうまくこなしてきた。長い間同じメンバーで共同作業を行ない、メンバー同士の位置関係、たとえばケンがリーダー格の存在でミホはグループの士気を高めるのに役立ち、タカシとケイコは目立たないところでグループに貢献しているという関係が固まり、最初の頃の新鮮さに欠ける状態が見られ始めている。議論は盛り上がらず、コンセンサスのための活発な意見交換も見られない状態。反対意見を言ってグループの和を乱したくない、できるだけ早く無難な案に落ち着きさえすれば良いとみんなは思っているようである。

　このような状態で最終的な意思決定をすると困ったことになる。この状態をグループシンク（groupthink）と呼び、集団思考、集団浅慮と訳されている。コンセンサスへのプレッシャーが高くなり、意見交換や代替案を検討したり、問題点を十分に吟味しようという気持ちが抑制された状態である。こうなると、メンバーはこれまで何でもうまくこなしてきたこのグループに限って失敗するはずがないという、過度に楽観的な見方や「不敗の幻想」と呼ばれる認識を持つようになる。その結果自分たちの意思決定を脅かすような情報を無視したり、グループ外の人間に対して強い敵対心をあおって内部の見せかけの和を保った

りしながら誤った判断に陥ってしまう。

　グループシンクの例として、これまでのアメリカでの研究で、ケネディ政権のキューバ侵攻に関する決議やニクソン大統領のウォーターゲート・ビル侵入事件などが挙げられる。またNASA(航空宇宙局)によるスペースシャトル「チャレンジャー」の事故は、実は問題を示唆する情報があったにもかかわらずそれを十分に検討せずに「不敗神話」を信仰し、加えて打ち上げへのプレッシャーもあったためであるとする報告もされている。日本国内でも、企業の体面や内部の和を保つために、自分たちに都合の悪い情報を隠したり、不祥事が明るみに出た後で証拠隠滅を図ったり、あるいは責任のなすりつけ合いをするという事件もグループシンクの影響である可能性がある。

　このような状態にならないようにするには、以下のような方法が考えられる。

① リーダーは一人ひとりのメンバー独自の、批判的問題解決思考を促す。
② メンバーはお互いの力関係、立場の差に過度に反応しない。
③ 客観的な判断を仰ぐために、外部の意見を取り入れる。
④ 故意に反対意見を言ってみる。
⑤ グループを３人の小グループ、あるいは２人ずつのペアに分けて案を検討させる。

3 リーダーシップ

　今回のグループではケンが「リーダー格」の存在である。リーダーシップとは一人のメンバーが常に他のメンバーをリードしたり、グループ全体の仕事を分担したり、監督したりというイメージを与えるかもしれない。しかし、リーダーシップとは特定の個人を指すのではなく、コミュニケーションを通してメンバー同士の人間関係に刺激や影響を与えながらグループのゴ

ール達成に貢献する過程を表している。したがって、グループのメンバーは誰でも随時リーダーとしての役割を果たすことができるし、またそうすることによって力のバランスが保たれ、グループの仕事とメンバー間の人間関係に好影響を与える。

これまでリーダーシップについては多くの研究が行なわれてきた。初期の研究ではリーダー個人に求められる資質はもちろん、外観や性格など容易にはコントロールできない要素を明らかにし、リーダーとは持って生まれた何かを持った人だけがなれるという考え方が主流だった。現在ではそのような特性論に替わって、状況やメンバーシップの特徴、またリーダーシップに求められる複雑なコンピテンスの内容に関する研究が主流となっている。

a. リーダーの役割・機能

特定の個人を常にリーダーとして固定させることはできないが、リーダーとみなされメンバーから信頼と支持を得るために遂行すべき役割や機能を特定することはできる。グループを成功へと導くためのコミュニケーションに関する機能・役割として以下のようなことが考えられる。

(1) 代表

エピソードに登場したあなた、ケン、タカシ、ミホ、ケイコの5人のグループを外から見た場合、誰が一番目立つ存在で、この人に一つの情報を伝えておけば必ずグループ全体に伝わるかというとケンである。でしゃばっているわけでも、別のメンバーを押さえつけようとしているわけでもないが、代表として外部との交渉や情報交換をする人物がグループには必要である。グループ全体の利益、個々のメンバーの特性、直面している問題などに関して正確な情報を持っていることが代表者に求められるコンピテンスである。

（2） 動機を高める
　このグループに属していることに誇りが持て、グループ全体の目標に向かって力を合わせようという気持ちにさせる機能を指している。朝早くから集まり、プロジェクトと向き合うためには、まずメンバーのやる気が必要である。ケンは他のメンバーの発言内容を誉め、ミホはみんなを笑わせ、あるいはタカシもケイコもおとなしいがその実直な態度からグループ全体がやる気をもらうかもしれない。このようにリーダーシップのコンピテンスが指すこととは、いつも同じ人物による行為ではなく、一人ひとりのメンバーが少しずつ提供する動機パワーである場合も多い。

（3） メンバー同士の親睦を高める
　5人の学生がグループとしての関係を維持するためには、共通の目標に加えてお互いの信頼関係や友情、愛情が欠かせない。問題解決のための情報はそれほど提供しなくても、「この人がいるだけでグループの雰囲気が良くなる」という人の存在は重要である。スモール・トークで人の関心を呼んだり、会話がしやすい状態を作ったり、ときにはプロジェクトとは一切関係ない行事を企画したりと、親睦を高めるための工夫をするのもリーダーシップ・コンピテンスの一つである。

（4） 問題を整理する、目標を明らかにする
　グループ存続の最も重要な条件の一つが共通の目標である。5人のメンバーで構成されるグループともなれば、その分多くの角度からさまざまな情報や視点が提供される。それらの情報を整理しながら、最終的なゴールを見失わないように最重要課題を常に明確にする。他の4人がたまに議論をして激昂したり、あるいは気がつかないうちに方向がずれたりするのを、ケイコやタカシがボソッと一言発して議論を元のレールに戻すのも効果的なコンピテンスである。

（5）ゲート・キーピング

　5人の人間がグループとして存在すると言っても、目に見える枠や柵があるわけではない。グループの一員としての意識はそれまでに共有してきた情報、これから先の目標を達成したいという気持ち、お互いの信頼関係によって形成される。目には見えない境界線なので、それを超えて入ってこようとする情報、刺激、誘惑などを整理するためのコミュニケーション・コンピテンスも重要な役割を果たす。グループの「門番」として役に立つ情報を積極的に求めたり、混乱させる可能性がある情報を締め出したりするのもリーダーシップ・コンピテンスである。的確な判断力と、情報分析力、豊かな経験が役に立つ。

b. リーダーシップ・スタイル

　リーダーシップは一人の特定の人物が常に他のメンバーを目標達成に導くと考える代わりに、グループ内のどのメンバーも状況や条件によってリーダーとしての役割を果たす、コミュニケーションの過程ととらえる。リーダーシップの発揮の仕方、スタイルは多くの条件や個人の考え方、性格などによっていろいろな形をとる。

　リーダーシップのスタイルに影響を与える主な条件としてこれまでの研究であげられているのが、グループのゴール達成、業績、生産性など仕事に対する関心の度合いと、グループ内の和、親睦、お互いへの配慮などの人間関係に対する関心の度合いである。これらは一見相反する関心といえる。ケンがグループ・プロジェクトの完成と、ひいては自分自身の功績を第一に考え、重要な決断を他のメンバーとの話し合いに託すのではなく、彼の考えを一方的に押し付けた場合と、プロジェクトの完成は二の次で、5人のメンバーの友情を優先した場合とではリーダーシップのスタイルは相当異なるだろう。

　これらの二つのことに対する関心の度合いの組み合わせによって、図8-1に示すようなスタイルが考えられる。

▼図8−1　二元的要件によるリーダーシップ・スタイル

```
高 │ 迎合型                          民主的
  │
人 │
間 │
関 │
係 │
に │
対 │           妥協型
す │
る │
関 │
心 │
低 │ 放任型                          独断的
  └─────────────────────────────
   低      グループの業績達成に対する関心      高
```

（1）独断的

　一方的に自分の意見をまくしたてたり、表面的には真のコンセンサスに到達したように見えるが実は裏で決められていたことを押し付けたり、というスタイルである。グループのゴール達成は効率的に見えるかもしれないが、その結果メンバー同士の関係が崩れたり、お互い不快な気持ちを持ったままグループが解散したりと、人間関係の面での効果は期待できない。これは常に好まれないリーダーシップのスタイルという印象を与えるかもしれないが、実はこのスタイルが必要とされる状況も少なくない。

　人から反感を持たれたり、敵を作ったりするのは和を尊ぶとされる日本文化には適さないやり方なので、このリーダーシップのスタイルを評価する人は少ないかもしれない。しかしながら、誰かが人の反対を押し切ってでも決断しなければ重大な結果を招く恐れがあるような緊急時、またどんなに議論を重ねても賛成派と反対派が分かれてしまってコンセンサスが期待できないような場合、一時的には反感を買っても仕方がないと覚悟

して決断をするリーダーが求められる。「独断的」という呼び方はマイナスのイメージが強いかもしれないが、これが効果的なリーダーシップ・スタイルである場合も少なくない。状況を読むコンピテンスが求められることを意味している。

(2) 迎合型
　自分の主張を控えて、相手の意見に同調するリーダーシップ・スタイルを指している。たとえ自分が考えていることと、グループのみんなの意見とが食い違っていても、自己を主張することによって全体の足並みが乱れてしまっては何もならないと考えると、相手に合わせた方がグループにとっては生産的である場合もある。強いリーダーは自分の意見を率直に述べ、少々のことでは相手に譲らないと考えられがちだが、自分の考えを表に出すことをじっとこらえて、周囲の意見に合わせることも強さの現われと考えることができる。

　ただし、グループ・メンバーの主張の中身を十分に吟味することなく、「わかった、わかった」と同調してばかりいると、見せかけのコンセンサス、つまりグループシンクの状態に陥ってしまい、活発な議論を歓迎しない雰囲気が定着してしまう。やはり周囲の状況や相手の態度、全体的な目標など、さまざまな要因を正確に読み取る繊細さ、順応性がコミュニケーション・コンピテンスの大切な柱であるといえる。

(3) 妥協型
　自分自身の主張はほどほどに抑える代わりに、相手の主張も１００パーセントは聞き入れず、中間点で折り合いをつけるのがこのスタイルである。どんなに議論をしても双方が満足する意思決定ができない場合、効果的である。あなたのグループで、キャンパスの施設充実のために１億円の予算が与えられたとしよう。あなたとミホは学生サービスの一環として食堂をカフェテリア方式に変えるためにそのすべてを投じるという意見を出す。それに対して、ケンとケイコは大学の本分は学業なのでコ

ンピューター・ルームの充実を図るべきだと主張する。議論を重ねてもコンセンサスができない場合、予算を半分ずつ使って食堂、パソコン室の両方を少しずつ充実するという考えに落ち着くようにタカシが提案し、話し合いをまとめたとすると、これは妥協型のリーダーシップ・スタイルといえる。

　この場合、それぞれの施設の拡充の予算を1億円と見積もっていたとして、それが5千万円になっても経費を節約したり、建設会社と交渉したりして十分な改善を行なうことができれば最高の妥協策といえる。しかし、もし半額の予算では両方とも中途半端な施設更新しか行なうことができず、近い将来再び問題が生じることが予想されるとすれば、この案はその場限りの安直なものとしか呼べない。予算、人員、技術、資源、時間などが限られている場合、グループでの問題解決のプロセスではそれほど簡単にコンセンサスが生まれることは期待できない。短時間で到達した妥協案にはさまざまな問題点が含まれている場合が多いので、問題解決の過程の最後のステップである振り返りが重要な意味を持つ。

(4) 放任型

　グループの業績にも人間関係の側面にも関心を示さないのが放任スタイルである。リーダーとしてグループの重要なことに関心を示さないわけだから、これまでの研究でも放任型のリーダーシップの下では生産性もグループのメンバーの満足度も低いことが報告されている。文字通りの放任型のリーダーシップでは、グループの仕事にも、人間関係にも無関心で、さらに無責任ということになればグループによる共同作業が当然効果的ではないということが予想される。

　しかし、グループのメンバーはそれぞれが率先力を持ち、また十分な情報収集力、分析力、問題解決能力を持っていて、リーダーシップが必要ないという場合、特定の人物が指図をしたり、不必要な発言をしたりということは逆効果になってしまうとも言える。メンバーに対する具体的な指示や、目に見える統

率力は発揮しないが、そこにいるだけでグループがまとまるという、いわば「親分肌」のリーダーが日本文化では好まれる場合も少なくない。これまでの欧米でのコミュニケーション研究では解明されなかった日本的リーダーシップは、欧米の視点からは放任型に見えても、日本文化という枠組みの中ではひとつの効果的なスタイルと考えられることがあるのかもしれない。今後の研究が期待される。

(5) 民主的

　グループの生産性と人間関係の双方に強い関心を示し、動機付けや相互理解、信頼を重んじるためにグループのメンバー全員が参加することによる問題解決、意思決定を理想とするのが民主的リーダーシップのスタイルである。メンバーの一人ひとりに意見発表の機会を与え、出された意見を十分な時間をかけて検討するので、時間、エネルギー、そしてもちろん問題分析能力やさまざまな意見を統合して発表するコミュニケーション能力など、多くのコンピテンスが求められる。

　民主型のリーダーシップというと、大変な力量と忍耐力を要し、グループに尽くす人というイメージがあるかもしれないが、これは必ずしも適切な考え方ではない。グループの成功とメンバーの幸福に献身的に尽くすのは確かだが、そのことによってリーダー自身も一人の人間として成長する。グループ・コミュニケーションは貴重な「共育」の場を与えてくれるコンテキストである。メンバー一人ひとりにやる気、ゴール意識、潜在的行動力が秘められていると考え、それを引っ張り出す役目を果たすのが民主的リーダーの役目である。つまり、メンバーがグループのゴール達成に向けて「自己説得」をするように促すのである。企業やスポーツの世界で注目を浴びているコーチングは、「その人が必要とする答はすべてその人の中にある」という考え方から出発している。

　したがって、民主的リーダーシップのスタイルが目指すコミュニケーションは、メンバー一人ひとりに、与えられた問題に

ついて十分考えさせ、その考えを発表する機会を与えることから始まり、適切な情報や発言の中身を振り返らせるようなメッセージを提供し、自分自身で解決策を考えつくように導くことである。リーダー自身の議論能力やプレゼンテーション力もだが、リスニング能力や、繊細な認識コンピテンスが果たす重要な役割を認めることが大切である。

Review Exercise

1. これまでにメンバーとして参加したグループ活動を思い起こして、その活動中のコミュニケーションの特徴はどうだったか評価してみましょう。そのグループはどのようにして作られたのか。グループの一員として認めてもらうには、どのような規範を守ることが求められていたか。目標に向かってどのようなコミュニケーションがされたか。問題解決型思考は採用されたか。その中でグループシンクは起きなかったか。最終的に、そのグループは成功だったと評価できるか。これらの疑問点に対する答を考えることによって、グループ・コミュニケーションを点検してみましょう。

2. あなたのリーダーシップ・コンピテンスを評価してみませんか。状況によっては、さまざまなリーダーシップが求められています。「私がリーダーなんて」と思う人も多いのですが、必ず何らかの形でリーダーとしての役目を果たしているものです。どのようなスタイルで、どんな機能を果たしたのか、具体的な状況を考えてみて、あなたのリーダーとしての能力を評価してみましょう。実際にリーダーとしての経験がなければ、どんなリーダーシップをとりたいと考えているのでしょうか。もし、リーダーとしてのスタイルを、図8−1に当てはめてみると、あなたはどのスタイルに最も近いでしょうか。

第9章　組織内コミュニケーション・コンピテンス

エピソード

　授業でのプロジェクトで同じグループのメンバーのうち、タカシとミホとあなたはその後も親しく付き合い、将来のことについても真剣に話し合う仲となった。卒業後の進路についての希望や悩みを分かち合ううちに、3人で起業しようという話になった。最初は消極的だったタカシも就職活動で既存の業種から自分に合った仕事を見つけることに限界を感じていたので、乗り気になった。

　ミホの提案で、ハワイで人気の自然食品や化粧品を輸入して販売しようというベンチャー・ビジネスを始めることにした。経営学専攻であるあなたは簿記が得意。ハワイには何度も旅行したことがある、英語専攻のミホは現地との連絡を取ったり、人脈を開発したりすることに意欲的である。アルバイトで訪問販売の経験があるタカシは一般家庭での販売に加えて、量販店やコンビニなどへも販売ルートを広げるべきだと考えている。

　最初はなかなかうまくいかなかった商売も、旅行ブームや、海外の有名俳優もそれらの化粧品を使っている、さらにはオリンピック選手もハワイの自然食品の愛好家ということがマスコミで取り上げられるようになり、一気に売り上げが伸び始めた。大口の注文を受けたり、宣伝広告の手配をしたり、国内流通のルートを確保したりと、以前では考えられなかったような仕事をする必要も出てきた。

　そこで、あなたは経理部門を、ミホが広報部門を、タカシは販売部門を統括することにし、全体の代表者としてミホが社長に就任した。それぞれの部門に新たに社員を採用し、さらに企画、人事、総務など新しい部署を作って、それぞれの担当者が専門的に仕事を遂行する、本格的な会社へと成長しつつある。

　創始者であるあなたとミホ、タカシの3人は会社が発展するにつれて、以前ほど顔を合わせる機会は多くなくなった。それでも大学時代から正直な気持ちをお互い語り合ってきた親しい間柄、信頼関係には変わりがない。ときどき食事をしながら商売のことについて話をするときも、会社の運営方針や、将来の方向性について3人が率直な考え

方を遠慮なく話す。ときには意見の相違が熱のこもった議論に発展することもある。しかし、そんなときこそお互いの信頼が個人攻撃ではなく、健全な議論を通した問題解決へと導いてくれる。

　こんな夢のような話があるかどうかは別として、人が集まって組織を作り、運営、発展させていくプロセスとしては共通点があるはずである。この章では、会社、学校、病院、あるいは町内会やマンションの自治会など、組織内の人間関係を巡るコミュニケーション・コンピテンスについて考えてみたい。

　組織とコミュニケーションとの関係については多くの研究が行なわれ、さまざまな視点から理論が作られてきた。時代の変遷や社会の需要に対応してどのような組織の運営が効果的かという、理論の枠組みが変化しているので時代や社会、文化の影響を時々刻々と取り入れながら新しい理論を構築することが困難なコミュニケーションの領域でもある。たとえば、情報の伝達を紙に書いた手紙のやり取りに頼っていた時代と、IT革命によって一瞬にして世界中の相手と情報交換ができるようになった現代とでは、コミュニケーションに関する常識が変化している。50年前の理論がそのまま今も適用できるとは思えない。

　そのような時代の変化や文化の相違にかかわらず言えることがある。それは、組織を形成する人間が言語・非言語のシンボルを使って行なうコミュニケーションと組織との関わり合いである。「組織内コミュニケーション」ということばには、あらかじめ組織が存在し、そこで起こる経理、人事、広報、販売などの多くの組織現象の一つがコミュニケーション、というニュアンスが含まれている。組織を作って、それを運営する上で考えなくてはいけない一つの側面がコミュニケーションである、と。

　しかし、この考え方はコミュニケーションと組織の関係を正確には捉えていない。エピソードに登場したあなたと、ミホ、タカシの大学の同級生は、最初冗談半分に考えていた会社を作るという話を実現させた。それぞれが高い関心、専門的知識や経験を持っていて、それらを相談の上活用させ、ハワイから商

品を取り寄せるために現地の人間と連絡を取り、国内で顧客を増やすことに努めた。またメディアを使った宣伝広告にも工夫した。

　これらの努力が実を結び、会社は成長し、多くの従業員を雇用するに至った。新入社員を採用する際も、求人広告を出し、面接を行ない、採用後には研修をする。これらすべてがコミュニケーション活動である。つまり、「組織」と「コミュニケーション」とは別個のもの、あるいは組織の中で起こる現象の一つがコミュニケーション、という考え方を改め、組織を作り、それを運営、発展させることそのものがコミュニケーションである、という考え方を取り入れることが重要な一歩である。

1 組織の特徴

　前の章では3人から15人程度でお互いが顔を見ながら話し合うことができる人間の集まりを「小集団」と呼んで、コミュニケーションの特徴や問題点について考えた。ここでは、必ずしも全員がお互いの名前や顔を知っているとは限らない程度まで人数が増えた集団内でのコミュニケーションを取り上げる。

　単に人数が増えたからというだけで「組織」と呼べるわけではない。たとえば、野球やサッカーを観戦するために何万人もの人たちがひとつの場所に集まったり、休日に公園に行ったり、買い物をしに商店街やデパートに集まってくる人たちも「大集団」と呼ぶことはできる。しかし、そこには組織として成り立ち、存続するための重要な条件が欠落している。

a. 共通の目標

　複数の人間が集まって協力し合いながら行動するのは、共通の目標があるからである。さらに、組織として存続するには、それぞれの知識、経験、技術などを出し合ってこそはじめて達成できるゴールが必要である。公園に集まっている多くの人た

ちは「群集」ではあっても、組織ではない。最初はミホとタカシとあなたの３人で発足した会社も、自然食品などの売り上げが伸びるにしたがって、３人では、そしてもちろん１人では達成できない目標が明確になってきたために、従業員を採用し、新たな部署を設けて組織を作った。

b. 相互依存

　人が組織に所属する理由を考えてみよう。マズローの要求階層の中でも、「所属の要求」は私たちがグループの一員として認められ、人の輪の中に入っていることを確認したいという要求を持っていることがわかった。組織に所属することによって、基本的な要求が満たされる。しかし、組織の側、エピソードの例で言うならば、あなたたち３人の創始者、経営者の立場から見ると、従業員に単に会社の一員であることによって満足されたのでは困る。仕事をしたいという欲求、動機がなくては会社としての存続は期待できない。

　人が会社などの組織に所属し続けるには、労働と報酬の関係が成立する必要がある。従業員は一人だけでは到達することができない組織のゴールを、それぞれに与えられた職務を遂行することによって達成することができる。そのことによって給料をもらったり、健康保険に加入できたり、家族を扶養するなど、個人の目標を達成することができる。言い換えるならば、メンバーが個人の成功を収めるには、組織が十分な売り上げ、利益を確保して個人の利益を守らなくてはならない。非営利目的の場合も、組織の目的が達成されてはじめて個人のメンバーがゴールに到達できるという関係が必要である。また、ある部署はうまく行っているが、他の部署は壊滅状態ということになっても、組織は存続できない。

　一個人、あるいはひとつの部署の行動が他に影響を与える状態を相互依存と呼ぶ。

c. 役割分担

　あなたは、大学の同級生と自然食品や化粧品を輸入して販売する会社を設立したが、最初は少人数ですべての仕事をこなしていた。しかし、注文が増え、商品の仕入れをするにも多額の資金が必要となり、宣伝広告を展開して大きな市場に乗り出し、多くの顧客を獲得、維持するために会社の規模が大きくなると、それぞれの仕事を専門的に遂行するための役割分担が必要となる。ひとり、あるいは単独の部署だけでは組織の仕事はできない。個々の部署に割り当てられた仕事の中身を明確にするために職務分掌が作られ、個人に役割が与えられる。

　どのような組織も文化の影響を受ける。日本では、「個の時代」が来たとは言うものの、欧米と比較すると、依然として集団を重視する傾向がある。欧米では、個人の知識、経験、技術によって採用したり昇進させたりする。それに対して日本では、その組織の一員としてふさわしい資質、考え方、情熱を持っているか、ということに重きを置く場合が多い。この二つの文化的特徴が役割分担に与える影響を考えてみると興味深い。

　欧米の企業の「私と組織」という考え方に対して、日本では「私たちの会社」という図式が見られる。前者ではそれぞれの役割が明確に定められていて、他の人の仕事をすることは領域の侵害とみなされる場合がある。日本では同じ組織に所属する限り、他の人の仕事も自分の仕事と考えて積極的に手伝ったり、穴を埋めたりする。入社当時の部署からまったく異なる部署へ配属されたり、数年毎に異動したりして会社全体がよく見えるような工夫が施される。時代や経済的、政治的条件などによってもこれらの事情は異なるので一概には言えないが、文化の影響を強く受けることは確かである。

d. 命令系統

　組織全体の目標を達成するための役割分担が明確にされるのに伴って、情報や命令の伝達経路を確立する必要がある。常にお互いの顔を見ながら仕事をする場合は、情報が円滑に、そし

て正確に伝わるための経路を定めておく必要はないかもしれない。しかし、たくさんの部署があって、それぞれに多くの人員が配置されている組織となると、コミュニケーションのチャネルと、メッセージを伝える順番などをあらかじめ決めておく必要がある。

　トップが決めたことが、それを実行に移す「現場」の人たちに効率よく、正確に伝わるにはそれなりの工夫が必要である。組織の頂点の意志をまんべんなく伝えるプロセスには、組織が大きくなればなるほど多くのノイズが潜在するからである。

　図9－1のように、組織の一番上から一番下まで情報を伝える際、それほど多くの階層を経る必要がない場合「平たい組織」と呼び、逆に組織が上下多くの階層で構成されている場合を「背の高い組織」と呼ぶ。

　平たい、高いにかかわらず、命令系統とは正式に定められた情報のルートである。この系統を無視して情報や命令を伝えようとすると組織の運営は効果的に行なわれない。たとえば、ミホが統括する広報部門のひとりが、会社の宣伝広告に関する企画にミホが賛成しないからといって大学のサークルの先輩・後輩の関係であるタカシのところにもっていったとすると、そのメンバーは命令系統を破ったことになる。同様に、ミホが他の部署のメンバーに仕事の仕方についてその部署のトップの頭越しに直接指導をすると、やはり命令系統を無視した行動となる。

　IT技術の進歩によって、情報や命令をどのようなルートで流すかということに加えて、どんな手段で伝達するかということも決めておく必要がある。直接会って話をする、電子メールを使う、紙に書いて渡す、などの手段が考えられる。また組織が大きくなって、全国に支社が展開されるような場合、情報を効率よく、正確に伝えることがますます困難になるので、系統、手段、さらにはタイミングなどについても全般的に取り決めをしておくことが欠かせない。

▼図9−1　平たい組織、背の高い組織

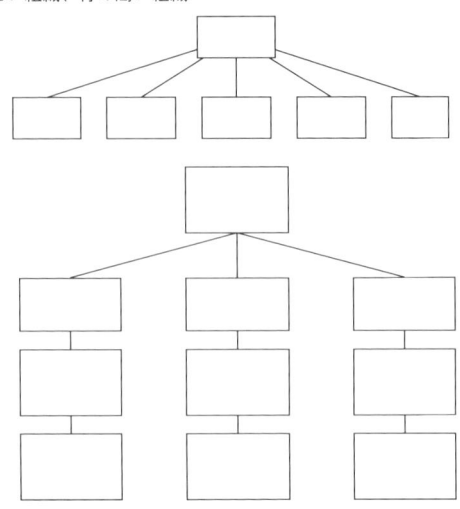

e. 力の上下関係

　組織の中には権力、権限などにおける上下関係の存在がある。あなたがミホとタカシとの3人で設立した会社は、最初のうちは大学の同級生ということもあって上か下かという関係は存在しなかった。しかし、命令や情報を効率よく正確に伝達し、組織全体の仕事を遂行するには、複数の部署を作り、それぞれの責任者を定めなくてはならない。経験や業績、資質などによって部長、課長、係長、主任などの役職が選ばれ、任命される。「長」がつく立場の人間は、その役職に与えられた権限と責任によって、それぞれの部署やグループを統括する。

　小集団にもリーダーが存在するが、人数が少ない場合はリーダーが固定されず、状況や条件によってはすべてのメンバーがリーダーシップを発揮することがあるのに対して、組織では公式に与えられた権力によってリーダーシップを発揮することが求められる。しかし、与えられた権限と、その人の個人的信頼度、説得力などが合致しないと、部下に対する統率力が発揮できない。リーダーのコミュニケーション・コンピテンスが問われるしだいである。

2 上下の対人コミュニケーション・コンピテンス

　組織に所属するメンバーの間には権力、責任の大きさによって上下の関係が存在する。親しい、気を使う必要のない相手とのコミュニケーションではお互いが思っていること、感じていることを遠慮なく伝えられるが、年齢、経験、業績、価値観や態度などが大きく異なる相手とのコミュニケーションが苦手だと思っている人は少なくない。しかし、苦手だからといって相手との接触から逃げていると、個人だけの問題にとどまらず、組織全体に悪影響を及ぼす。

　どのような種類の力が組織内の上下関係を規定し、また組織内の上下の情報の流れにはどのような特徴があるのか考えてみよう。

a. 対人勢力の種類
（1）報酬によって生まれる力
　親子、教師と生徒、先輩と後輩、兄弟姉妹関係などで、上の立場の人間は相手が命令、指示に従ったことに対して報酬を与えることができる。そこで力が発生する。企業では、上司が部下の仕事を高く評価することによって、給料や手当などの金銭的報酬や昇進に影響を与えることができるため、この力を持っている。

（2）強制的な力
　命令、指示に従わなかった場合に罰を与えるといって脅したり、腕力をちらつかせたり、というのが強制的な力である。人間は未来のことを想像する能力を持っているので、上の人間が実際に暴力や罰を実行しなくても、そのような行動が十分に予想される場合は心理的に強制力の影響を受ける。

（3）法的、正当な力
　組織内で、あるいは地域、国などで法律や規則によって与え

られた権力が正当勢力である。選挙や正式な会議体による議決を経て与えられる。社長や部長、課長といった役職はもちろん、警察官や検察官、裁判官など法律という枠組みの中で一定の権限、権力を与えられている場合もこの種類に含まれる。

(4) 個人の魅力によって生まれる力

　正式に与えられた力や、具体的な賞罰を与える力はなくても、個人的な魅力が人に影響を与えることは多い。その人の言うことであれば進んで聞き入れ、あるいはその人と同じ考えを共有していることを他から認められたい、という気持ちは自然である。むしろ、法的な力や報酬による影響力を持っていても、それが魅力のない人に託されると、奇妙な事態が生じる。単に上司だからというだけでその人の命令に従うのは気が進まない。他の力と合わせて対人魅力を持っている人についていきたいと思うものである。

(5) 経験や知識によって生まれる力

　組織の中で正当勢力が与えられるためには、普通それまでの経験、蓄えた知識、業績に基づいていることが多い。他の人にない知識、経験、熟練の技術などを持っていると、それは説得力の大きな勢力となる。仕事、人間関係でもあまり経験はなさそうだがなぜか上司の席にいる人より、過去さまざまな経験を経た百戦錬磨の上司の方が影響力、説得力の点で優っていることは言うまでもない。

b. 上下のコミュニケーションの特徴
(1) 下向きのコミュニケーション

　組織の中で、より多くの権限を持ち、責任を負う立場のメンバーから発せられるメッセージで、指示、命令、評価など仕事に関するもの、叱咤・激励、慰め、また組織の一員であるための心構えなど精神面に関する内容などに分けられる。日本的コミュニケーションでは、「言わなくても分かってもらえる」関係

の方が親密で仕事面でも効率的と考えられてきたので、古くからある、また小規模でメンバー同士がつながり合いを持っているような企業では細かいことをひとつひとつ言わないコミュニケーション・モードに依存する傾向が強い。しかし、価値が多様化し、通信技術も発展した現代では、「分かってもらっているはず」という考え方だけではうまく仕事が遂行されない。大学の同級生と作った会社でも、最初は気心知れた3人だけの組織だったのでうまく行ったかもしれないが、規模が大きくなるにつれて細かい部分まで指示をする必要が生じる。

(2) 上向きのコミュニケーション

　仕事の報告、問題点など業務に関するメッセージや個人的な相談、悩みなどが上向きのチャネルで流される。伝統的な日本的経営ではできるだけ多くの人たちに問題解決、意思決定に参加させるために「ボトムアップ」の情報提供に価値を置いてきた。組織のトップが末端の事情をよく理解しないで、上位下達式の意思決定を行なっても実際の運用はうまく行かない、と考えられてきたからである。問題点に最も身近に接する立場の人が、組織の意思決定に責任ある立場の人に十分な情報提供をしなければ、適切な判断や問題解決を望むことは難しい。

　しかし、下向きのコミュニケーションと比較すると、上向きのチャネルでは伝わりにくいメッセージも多い。業務上問題が生じた場合、部下は上司に対してその問題の一部始終を、あるがままに伝えるだろうか。自分の評価に悪い影響を与えたり、上司に嫌なことを言われる、また上司と自分との関係が悪くなったり、といった結果を恐れるために、情報を隠したり、歪曲したり、また伝達を遅らせたりといった「調整」を加えることもある。文法ノイズや意味ノイズが増幅する可能性が高くなる。

3 プレゼンのコンピテンス

　「プレゼンテーション」を短くしてプレゼンと呼ぶ。組織内で異なる部署の人たちに新しい製品についての理解を求めたり、部下が上司に新しい企画を採用してもらうよう説得したりする場合に行なう。また、組織の外部に向けて同様のプレゼンをしたり、複数の企業が商品やサービスの受注をゴールとして行なう競争、つまりコンペの一環としてのプレゼンもある。多くの情報が飛び交う現代、コンピューター、ファクス、電話などによるデジタル・コミュニケーションによる情報交換が主流かもしれないが、人間同士が顔を見ながら意味の共有を求めて行なうアナログ・コミュニケーションがやはり大きな役割を占めるのには理由がある。

　就職面接、部下の動機づけ、商品の売り込み、個人的な悩みや問題の告白、なども一種のプレゼンと考えられる。どのようなプレゼンでも中心となるのは「自分」だからである。たとえば、商品の特徴を相手に理解してもらうような場合、人間がやるからには、誰がプレゼンをするのかということによって理解の内容や程度には違いが生じる。ということは、どのようなプレゼンでも、分かってもらうべき最も重要な部分は、商品の特徴やサービスの中身なのではなく、プレゼンをする人である、といえる。自分をわかってもらうために効果的で重要な点をいくつか並べてみよう。

a. プレゼンのノンバーバル・コンピテンス
（1）周辺言語

　声の大きさ、高さ、しゃべる速さ、「あー」、「えーと」など沈黙を埋めるための発声など、声の使い方に関するコンピテンスを指す。自分の声をテープに録音したり、ビデオに撮ったりして聞いてみて、特徴を理解しておく。声の質そのものを変えることはできなくても、大きさや速さを調整することはできる。

（2）アイ・コンタクト

　生身の人間同士がコミュニケーションするのがプレゼンの特徴である。聞く側が話し相手に顔、特に目を見られているかどうかは、話のインパクトに大きく影響する。相手の顔をしっかりと見ながら話をする練習を日頃からしておかないと、プレゼンになって急にできるものではない。

（3）顔の表情

　顔の表情を自由自在に変化させることは難しい。しかし、自分の顔の表情の特徴を知っておくことはできる。微笑んでいるつもりなのに怒ったような顔になっていたり、逆に真剣な表情をしているつもりがにやにや顔だったりしたのでは、プレゼンの効果は薄れてしまう。ビデオや鏡に映る自分の顔を知っておくことは最低限の努力だろう。

（4）姿勢・動作

　自分では直立しているつもりでも、片方の足に重心が偏っていることが多い。ふんぞり返った姿勢でプレゼンしても聞き手からの好感度が上がることは望めない。真っ直ぐ立ったときの手の位置は、意外と工夫が必要である。ポケットに突っ込んでおくわけにはいかないし、かといってあまりにも忙しく動かし続けるのもプレゼン内容の理解の妨げとなる。自分が最も落ち着き、同時にプレゼンの邪魔にならない姿勢を見つけておこう。

（5）服装

　ノンバーバル・コミュニケーションには自分でコントロールできない部分が大きいが、服装だけは簡単に調整できる。自分に似合った服装を普段から知っておくことと、相手、状況に合わせた服装とはどのようなものか、ということに注意したいものである。異様にきらびやかな服装や、逆にみすぼらしい格好は聞き手の注意力を散漫にする。

(6) 資料の提示方法

　パソコンとプロジェクター、OHPやスライドで資料を映写したり、紙に印刷したものを配布したり、など資料の提示にはさまざまな方法がある。実物やモデルを見せるのも効果的である。注意したいのは、資料が過度の関心を集めると、プレゼンのことばに対する注意がそがれてしまうということ。特に、写真やサンプルなどを聴衆に回覧してもらうと、その間ことばを聴いている人はほとんどいなくなってしまう。

(7) 原稿の使い方

　原稿の使い方にも種類がある。まず、原稿を暗記しておく方法。滑らかなプレゼンが期待できるものの、忘れる危険性をはらんでいる。次に原稿を一字一句読む方法は、販売促進のプレゼンには適さないが、二国間の条約の締結や二社間の合併などによる取り決めについて発表する際は適切である。そして最も効果的だが経験を必要とするのがアウトラインだけは決めておいて、実際のことばはその場で考えるという方法である。聴衆の反応に合わせてことばを増やしたり、減らしたり、適切な表現を選びながらプレゼンをするので活き活きする。

b. プレゼンのバーバル・コンピテンス

(1) 最重要点をまとめる

　当然のことだが、プレゼンの長さにかかわらず、聞いている人に理解してもらいたい最重要点をまとめておく。日本的なコミュニケーションでは、相手に伝えたい最も重要な事柄はあいまいにして、聞き手の想像力や察しにゆだねるという方法が主流だった。しかし、ビジネスの世界でのプレゼンではその方法では誤解やインパクトの弱い結果を招きやすい。最重要点を最大3点くらいに絞ってプレゼンを構成するよう心がけたい。

(2) 全体の構成をわかりやすくする

　正式なプレゼンと、食事をしたり、お酒を飲みながらしたり

する非公式の話との大きな違いは、プレゼンにはきちんとした枠組みがあるということである。聞く側はプレゼンの最も重要な部分の情報を与えられる前に、心の準備をする必要がある。特に、コンペなどの場で、次から次へとプレゼンを聴かなくてはならないような状況では、前の話と自分の話との間にきちんとけじめをつけて聞いてもらわなくては、情報が混乱してしまう。前置きの部分に全体の約１０～１５％の時間を、最後のまとめの部分に５～１０％の時間を割くことを目安にプレゼンの枠組みを設定すると準備がしやすい。話をする側が頭の中できちんとした枠組みを持っていると、聞く側もその枠組みを使って情報を整理できる。

（３）プレゼンの順番を熟考する

　口頭のプレゼンを聞くのと、文章を読んで情報を得るというコミュニケーションの最大の相違点は、後者が分かりにくい部分を何度も繰り返して読むことができるのに対して、前者はそれができないということである。多くの、しかも初めての情報に接する側に正確に、そして効果的に意味を理解し、反応してもらうには、情報の順番と、構成をわかりやすいものにしておくことがきわめて重要である。口から出まかせにバラバラと話をして、終わりに近づいたころになって、「あ、言い忘れてましたけど」とか、「順番が前後して申し訳ないんですが」と言って前に戻ったりすると、聞く側の関心が薄れるばかりか、反発心を植えつける結果にもなる。誰が聞いても分かりやすい順番でプレゼンの準備をしよう。

（４）例の使い方を工夫する

　重要なポイントを正確に、また鮮明に理解してもらうためには、具体的な例、統計、比較、識者の弁、などさまざまなサポートが必要である。しかし聞く側が理解、記憶できる情報には限りがある。プレゼンの目標は具体的な例や数字を覚えてもらうことではなく、それらが例証、強調する重要点を理解しても

らうことである。したがって、プレゼンの主要点とは直接関係のない、うけねらいのような話は、聴衆の反応は良いかもしれないが、大切な点を覚えてもらうには効果的ではない。また、膨大な資料を用意しても、そのひとつひとつに注意を向けてもらうことはできない。サポートの質、量ともに適切さを考慮したい。

（5）表現方法に気をつける

ことばも非言語メッセージもシンボルで、それ自体には意味がない。送り手は自分の経験や感覚に応じて選んだメッセージを使って意味を伝えようとする。受け手は送られたメッセージに自らの選択で意味づけするので、どうしてもずれが生じる。それを最小限にとどめる努力をするのも人間ならではの能力といえる。一対一のコミュニケーションとは違って、プレゼンの場合一対多数なので、言葉遣い、比喩表現、語彙の選択には特に注意が必要である。難解な表現をする際は説明を加え、自分が日頃使い慣れないことばは避けるなど、細かい配慮をするとプレゼンの効果も期待できる。

4 対立処理のコミュニケーション・コンピテンス

一緒に会社を創立したミホ、タカシとあなたの3人は、常に同じ考え方を共有しているとは限らない。会社の経営や、もっと漠然とした、たとえば人生や金銭に関する価値観といった点で、ときとして大きく違った考え方を持っていることがわかる。意見の相違が熱のこもった議論に発展することもある。しかし、エピソードでは「お互いの信頼が個人攻撃ではなく、健全な議論を通した問題解決へと導いてくれる」とある。私たち人間は、顔や容姿が異なるように、それぞれ違った考え方を持っていて当然である。問題は、これらの相違が人間関係で表面化したとき、それをどのように処理するかである。

葛藤、食い違い、見解の相違などさまざまなことばで表される対人関係における対立は、組織内コミュニケーションに限ったことではない。一対一の場合も、小集団の場合も起こりうる。しかし組織という社会環境では、役割分担や相互依存、それに上下関係などの要因が加わるために、特に対立が起こりやすい。対立の本質と、その対処方法を考えることは、組織内に限らず、さまざまな対人関係でのコンピテンスを促進させることにつながる。

　対立ということばから連想されるのは、人間関係の崩壊や、心が傷つくといった否定的なイメージが多い。確かに、ちょっとした意見の食い違いが大きな対立や衝突に発展し、多くの人に深刻で重大な影響を与える場合も少なくない。しかし、対立そのものはプラスでもなければマイナスでもない。問題は、対応の方法である。対立への考え方や対処の方法によっては、人間関係と自分自身の成長に役立てることができる。

　「危機」という熟語は「危険」と「機会」が一緒になったものである。人間関係における危機はもちろん関係が崩壊してしまう危険性をはらんでいる一方、それをさらに発展させる機会も備えている。

a. 対立の種類

　ひとことで対立と言っても、ちょっとした意見の食い違いから、戦争にまで発展する二国間の政治、経済、宗教などを取り巻く深く大きな主張の隔たりまで広範囲にわたる。深刻さ、重大さによって、対立には次の3つの種類が考えられる。

（1）擬似対立

　誤解によって生じる対立である。あなたとタカシ、ミホの3人で会社を設立したが、最近は顔をあわせる機会も少ないため、お互いが考えていることを以前ほど率直に話し合うことも少なくなっている。もちろんメールや電話で話をすることはあっても、顔を見ながらゆっくりと話すのに比べるとどうしても誤解

や、思い込み、あるいは他の人から伝わってくる噂などによって、勝手に相手の気持ちを判断することが増えてしまう。「あいつ、そんなことを考えているのか」と心の中で葛藤を持ち、それを直接確認することもなく相手と接すると何となくぎくしゃくした関係になってしまう。コミュニケーションの不足によって起こる対立で、お互いの気持ちを確認すれば解消するはずである。しかし、思い込みや誤解が取り返しのつかない衝突へと発展し、人間関係が崩壊してしまうこともある。

（2）単純な意見の相違

あなたが会社の帰りにタカシを飲みに誘うとしよう。あなたは居酒屋を提案するが、タカシはビアガーデンに行こうと言う。両者の意見がまとまらない。しかし、だからと言って二人の関係が崩壊するわけではない。このようなごく表面的な意見や考え方の相違が、二人のあるいは組織内の人間関係に大きな影響を与えることはない。少し時間をかけて話し合えば合意できるはずである。あるいは、タカシの希望を聞き入れて、居酒屋にはまた次の機会に行くことにして満足すれば済む。このような些細な意見の相違は、片方か、双方が意見の主張を控えることによって深刻化が避けられる。

（3）エゴの対立

最も深刻、重大な影響を与えるのが当事者のエゴを巻き込んだものである。エゴとは、長い間培ってきた価値観、信念などに基づく主張で、人と対立しても簡単に変えたり、譲ったりできない強固な自我を指す。たとえば、あなたが設立した会社の経営方針を巡って、ミホやタカシと考え方が対立するとしよう。あなたは営利追及を目的として設立した会社である限り、商品の売り上げを促進して売り上げを増やすことには何の問題もないと考える。それに対して、タカシは企業の社会への貢献が、私的な利益よりも大切だと考えている。商品の質が環境や、人間の生き方に悪影響を及ぼす可能性が少しでもある場合は、売

るべきではないと考えている。この二つの考え方は根本的な価値観の違いによって対立するもので、どちらを取るべきか、簡単には決められない。

この種の対立では勝ち負けが明確になり、負けた方の立場はそれまでとは大きく変化する。人間関係もそれまで通りというわけにはいかない。対立を人間関係の発展への機会に換えることもできる、とこれまで考えてきたが、信念、あるいは宗教といった人間の心に深く根ざしている部分については、コミュニケーションの能力にも限度がある。このような対立は、真っ向から直面して解決することは最善の策ではない場合が多い。直面すべきかどうかを判断することが大切なコミュニケーション・コンピテンスだろう。

b. 対立の条件

二人以上の人間が違った考え方を持っていれば、即対立か、というとそうではない。コミュニケーションによって対処すべき「対立」が生じるにはいくつかの条件がある。

(1) 意見の食い違い・ゴールの不一致

もし、自分と相手が意見、考え方を共有していれば対立は起こらない。また、擬似対立や単純な意見の相違があっても、一方が、あるいは両方がそれを表面化させなければ対人関係上の対立へとは発展しない。したがって、二人以上の人間が、異なる考え方を持っていて、何かのきっかけでそれが明らかになった場合、対立が起こる。

(2) 限られた資源

相手と自分との間に意見や考え方の相違があっても、もしその両方を生かすことができれば対立は生じない。あなたの会社で社員旅行を計画しているとしよう。ミホは海外旅行を主張し、タカシは国内旅行派である。二人は自分の意見を変えようとはしない。そこで、あなたが「予算は十分にあるので、まず春先

に1，2泊程度の国内旅行をやって、秋になったら1週間くらいかけて海外に行こう」と提案すれば両方とも満足させることができる。しかし、予算や時間に限りがあって、一度しか旅行に行けないとなると、対立が起こりうる。

（3）制裁・妨害する能力

上司と部下、親と子、教師と生徒など、力の上下関係が顕著な場合、対立は起こりにくい。弱い立場にある側には、相手の行動を妨害したり、また後から制裁を加えたりできないからである。両者間に力の差があまりない場合、対立が起こりうる。力だけで抑えようとすると当然別の問題が生じる。企業内で立場の違いを利用して相手に無理難題を押し付けると、パワー・ハラスメント、またそこに性の問題が入り込むとセクシュアル・ハラスメントということになる。

（4）相互依存

全くの他人同士では対立は起こりにくい。同じ組織、小集団に所属したり、お互いへの愛情を共有したりするような対人関係であってこそ対立が生じる。あなたの会社が成功を収めるためにはその従業員一人一人が満足しておく必要がある。集団の利益を守るには、個人の利益が守られなければならない。逆に、個人の利益を増やすためには集団が十分な利益を確保する必要がある、という相互に依存した関係がある。したがって、自分の都合だけを追求しても構わない状況では対立は起こらない。

c. 対立の効果

対立というと、いかめしいイメージが強く、ほとんどの人ができる限り避けたいと思う。しかし、対立そのものはプラスでも、マイナスの現象でもない。どのように対処するかによって、人間関係や組織が発展したり、崩壊したりする。そこで、対立の効果にはどのようなものがあるか考えておく必要がある。

（1）より正確な意思決定

　複数の人間が何かを決めようとすれば、当然異なる意見や考え方、方針などが打ち出される。議論を重ね、そこから解決策が練りだされてこそ効果的な意思決定といえる。意見が対立したり、自分の考え方が批判、否定されたりするのは気分が良いものではない。しかし、意見の対立は、一人では思いつかないような考え方に気づかせてくれる貴重な機会といえる。コミュニケーションは新しい考え方を発見する機会である。そのような機会や、新しい考え方を無視して意思決定をすると、見せかけのコンセンサス、つまりグループシンクに陥る。意見の対立はより効果的な意思決定を可能にしてくれたり、相手との接点を見つける貴重な機会という考え方を習慣化したいものである。

（2）信頼関係の確立

　雨降って地固まる、というように、激しい対立を乗り越えたからこそ強い人間関係ができた経験をした人は多いはず。相手と自分との考え方、意見が違っていたら、遠慮せずに率直に自分の意見を述べることができるのが健全な人間関係である。価値観や信念、あるいは信仰といった個人の深いところにある考え方を変えることはできなくても、どのような相違でも相手にぶつけることができるような関係が本当の信頼関係である。対立は相手との信頼関係の度合いを測るバロメーターであると同時に、信頼を深めるためのひとつの道筋でもある。もちろん常に対立や衝突があると人間関係は疲労するので、状況を考慮しながら自分の考え方を主張するかどうかを判断すべきである。

（3）自己を知る機会

　自分の意見や考え方が、だれからも否定されたり、批判されたりすることがないと、穏やかな、平和な人間関係を楽しめるかもしれない。しかし、それは相手が遠慮したり、逆にまともに受け取っていないからかもしれない。自分の意見に対して、相手が「そうかなあ」と疑問を投げかけてくれたり、その意見

を真剣に検討してくれたりすることによって、自分をそれまでとは違った鏡に映して見ることができる。意見の相違は、新しい自分を知る機会に他ならない。

（4）議論の活性化
　いつも同じ人の意見が通ったり、その人のやり方で結論が出されたりすると、会議や「意見交換」とは名ばかりで、マンネリ化してしまう。上の人が準備した原案を認めることだけが目的である会議ほど無駄なものはない。力関係があると、下が上の考え方を無条件に受け入れざるを得ない場合が多い。しかし、上が間違った考え方を押し通そうとする場合は、力関係にかかわらず、誰もが意見を述べることができる環境が必要である。そうすると、意見交換をしたり、ときには議論が激しくなったりすることが健全な人間関係、組織のあり方として認めることができ、このような環境で導かれる意思決定は効果的である。

d. 対立処理のコミュニケーション・コンピテンス
　対立が生じたら、それぞれの個人が大切にしたい要素を二つに分けることができる。人間関係を守ることと、自分の意見を通すことである。一見相反する要素であるが、図9－2が示すように、それぞれの要求を重要視する度合いによって、対立に接した場合どのような行動に出るか予想することができる。

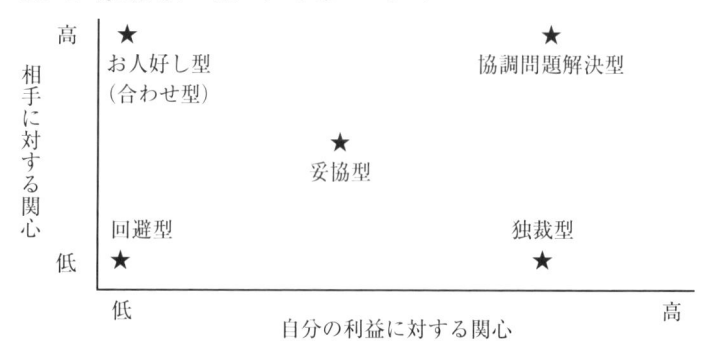

▼図9－2　対立処理のコミュニケーション・パターン

	自分の利益に対する関心 低 → 高
相手に対する関心 高	★お人好し型（合わせ型）　　　★協調問題解決型
	★妥協型
相手に対する関心 低	★回避型　　　　　　　　　　★独裁型

（1）独裁型
　自分の意見を通すことが最も大切な、あるいは唯一の目標で、その結果相手との人間関係が支障をきたしても仕方ないと考える。一方的に自分の意見を通し、相手の考え方には耳を貸さない、一見嫌われそうな対立処理の方法である。しかし、組織が危機的な状況に陥りそうな場合や、メンバーの意見が真っ向から対立していてどうしても話し合いによってコンセンサスに導くことができないような場合、一人の人間が責任を持って決定を下すことが求められることもある。一概に非効果的な対立の処理の方法とは言えない。

（2）お人好し型
　自分の意見は出さないで、相手の考え方に合わせる型である。言うことをよく聞くので、相手からは好かれる。しかし、いつもこの型で対立を処理しようとすると、周囲の人からは、「自分の意見を持っていない」と考えられ、「八方美人」、または「風見鶏」などと呼ばれて存在感が薄れてしまう。そうなると、いざというときに意見を述べても相手にされない。常に自分の意見は述べないというパターンを築いてしまうと、それを解消することが難しくなる。やはり、状況によっては使うかもしれない、ひとつの型として考えたい。

（3）回避型
　自分の意見を出さない、という点ではお人好し型と同じだが、では、相手との人間関係を大切にしているかというとそうでもない。とにかく、問題には巻き込まれたくない、周囲との人間関係も最低限に抑えたい、という型である。ただし、深い価値観や信念、信仰の相違などに原因が求められるような対立が生じようとしている場合や、絶対に対立を起こしたくない相手であるような場合には、その状況から逃げたり、回避したりするのもコンピテンスである。

（4）妥協型

　時間的には最も効率的な対立処理のパターンである。相手と自分の主張の中間点を採って両者が落ち着く。自分の主張を完全に通すことはできないが、相手も同じように譲っていると認識できるので、人間関係に悪影響を与えることなく対立を処理できる。一見理想的な対立処理の方法かもしれない。しかし、問題もある。ひとつは、相手と自分の主張の中間点を正確に見つけることができるか、という点である。主張の内容によっては、簡単に数字で中間点を見つけることはできない。また、妥協ということは不満が残ることを意味する。常に妥協型で、安易な意思決定をしていると不満がうっ積した人間関係となり、いつか爆発する可能性を残す。

（5）問題解決型

　最も多くの時間と多種多様なコミュニケーション・コンピテンスを要するのがこのパターンである。前章で述べた問題解決思考に沿った、情報収集力、分析力、説得力、プレゼンテーション能力、さらにはリスニング力など、持てるコンピテンスを総動員して可能となる対立処理の方法といえる。双方が徹底的に問題を分析し、最後まで意見を述べ合い、議論を重ねることによって最良の意思決定をすることを目指している。

　この方法は理想的に見えるかもしれないが、やはり状況によっては必ずしもそうではない。時間が限られていたり、また対立の原因となっている問題は些細なことで、多くの時間を割き、エネルギーを消費して議論する価値がないこともあるだろう。どんな小さなことも徹底的に議論したいと思う人もいるが、時と場合によっては「理屈っぽい」とか、「こまかい」といって敬遠される。

　対立が生じた場合、どのようにして対処するか、ということについて考えてきた。人間関係をどの程度重視するか、自分の主張をどのくらい通したいと思うか、という要素を複合するこ

とによってコミュニケーションのパターンがいくつか考えられる。どのパターンが最も効果的かということは判断できない。対立の原因、組織や集団の存在目的、対立処理の結果考えられる影響、相手との信頼関係、などさまざまな要因を考慮して使い分けるのがコミュニケーション・コンピテンスである。状況に応じていろいろな対処の方法をレパートリーとして備えておくことがコンピテンスの促進につながる。

Review Exercise

1．知っている企業の「コミュニケーション監査」をしてみませんか。客として利用することがある旅行会社、航空会社、銀行、電話会社などの会社、あるいは、デパート、書店、コンビニなどのお店の従業員のコミュニケーション行動を観察して、その組織が客に対してどのような印象を持たせようと努めているのか分析する。言語・非言語コミュニケーションの特徴をとらえ、それから、そこのメンバーが自分たちの会社に対してどのような態度、考え方を持っているのか推測してみる。その組織では、下向き、上向きのコミュニケーションがどの程度効果的に遂行されているのか。メンバー同士のメッセージ交換の様子はどうか。メンバー間でどのような結束感が見受けられるか。上下関係は厳密なものか。組織全体の風土、文化がメンバー間の対人コミュニケーションにどのような影響を与えていると考えられるか。その他、さまざまな角度から組織を見てみると、興味深い発見ができ、さらにあなたが将来、あるいは現在所属している組織のコミュニケーションの特徴を分析することができるかもしれません。

2．最近、友人、家族、サークルやバイト先、会社などの同僚と経験した対立、または対立が起きそうになった状況を思い起こしてみましょう。どの種類の対立だったでしょうか。その相手との間では、「対立の条件」は本当に満たされているか。あなたと相手とはどのような手段でその対立の状況を処理しましたか。そして、その結果、現在のその人との関係は、以前と比べてどのように変化したか。さらに、あなたは日頃から相手との意見の食い違いや、利害の対立といった「厳しい人間関係の状況」に対してどのような考え方を持っているのか、一度冷静に、また客観的に評価してみましょう。

第10章　異文化間コミュニケーション・コンピテンス

エピソード

　あなたは大学3年生。卒業前に1年間程度の留学をしたいと思っている。自分の可能性を試し、違った環境で生活して、語学力の向上をはじめ、新しい友達を作ったり、未知の文化に触れたりといった無限の挑戦を提供してくれそうな留学に前から興味を持っていた。両親は留学にはあまり気乗りしていないようだったが、あなたの熱心な説得で、交換学生だったら、という条件で許してくれた。

　一生懸命勉強した甲斐もあって、アメリカ東部の州立大学に交換学生として選ばれた。初めての海外旅行、そして親元を離れての一人暮らしが1年間の留学になるとは予想していなかった。不安はたくさんある。しかし、期待の方が不安を上回っている。

　長い飛行機の旅を終え、ニューヨーク、ケネディ空港に到着した。英語にはそれなりに自信があったのだが、空港内のアナウンスや、乗り継ぎの手続きをしに行った航空会社のカウンターで投げかけられる早口のことばは、果たして自分でこれまで勉強してきた「英語」と同じことばなのだろうかとさえ思えるほど理解できない。

　何とか大学の寮に到着したが、頭の中で抱いていた様子とは違う状況に出合う。日本の大学では留学生を担当部署が空港まで出迎える手配をし、歓迎レセプションをしたり、授業の履修手続きには特別な配慮をしたりと、海外からの学生をお客さんとして扱う。

　そんな歓迎を期待していたあなたは、米国の大学の「冷遇」にショックを受ける。そればかりではない。英語がまだうまく話せないあなたに、もっと親切ていねいに、ゆっくりと話してくれてもよさそうなのに、早口で、しかも聞いたことのないスラングを連発し、わからないと小ばかにしたような顔をする。

　食事のときもだれも誘ってくれない。たまに同じ寮の学生とひとつのテーブルに座っても、自分たちだけで冗談を言い合い、ゲラゲラ笑うだけ。黙々と食事を続けるあなたには目もくれない。日本だったらこんなことはないのに、とあなたは留学の最初の段階で今回の決断は誤りではなかったのか、いっそ早めに帰国して就職活動を始めたほうが良いのでは、と本気で思うようになってきた。

留学を考えている人が読むと、これまで夢だった海外での生活を考え直したくなるようなエピソードだが、このような状況は珍しくはない。ことば、習慣、価値観、行動パターンなど、自分がこれまで慣れ親しんできた文化と異なる土地で生活するとなれば、それなりの適応力が求められる。コミュニケーション・コンピテンスが、異文化理解、異文化適応がうまく行くかどうかの分かれ道となる。外国で快適な生活をし、多くのものを学び取って自己成長に結びつけることができるか、あるいは不愉快な経験が重なり、ついには日本に逃げ帰り失敗に終わるかをコミュニケーション・コンピテンスが左右する。

　ここでは「文化」という概念を整理することから始めよう。そして、異文化適応のパターンを示し、理想とされる「多元的文化型適応」を可能にする手段としての異文化コミュニケーション・コンピテンスを展開したい。留学だけでなく、海外駐在をしたり、外国人と結婚して海外で家庭を築いたり、あるいは、海外ではなくても身近な場所、相手と人間関係を築く際にも異文化コミュニケーション・コンピテンスが役に立つはずである。

1 文化とは何か？

　コミュニケーションと同じように、文化の意味を理解するのは容易ではない。というのも、私たちは生まれ育った、慣れ親しんだ文化で生活しているので、それをあらためて客観的に説明することは難しいからである。しかし、文化とコミュニケーションとの間には密接な関係があり、文化的な背景によって人間関係に対する考え方、容認される行動パターンなどが異なるため、相手が自分とは違った文化を持っている場合、普通では予想もできないトラブルが発生することもある。文化の本質について考えておくことは、異文化コミュニケーション・コンピテンスを高める上で重要な一歩である。

a. 文化は学習するもの

　日本文化、アジア文化、欧米の文化など文化の種類を考える際、それぞれの地域と重ね合わせることが多い。日本に生まれたら、あるいは日本人として生まれたら当然日本文化を身につけるとも考える。「日本を理解するには、日本人として生まれなければ無理」という考え方も、文化が先天的に、遺伝子の中に備わっているという誤解から派生している。

　文化とは、私たちの生物的な特徴とは別に、生まれた後、生活環境の中で、親、教師、友人などから伝えられ、学習する行動、思考のパターンである。両親は東京で生まれ育ったが、仕事の都合で子どもは北海道や九州など、別の場所で生まれ育つと、東京文化ではなく、それぞれの土地のことばや習性を身につける。最近は、外国人の両親から日本で生まれ育ち、日本語の方が親の国のことばより自由に使える、「一見外国人、中身は日本人」を見かける。文化は後天的に習得するものである。

b. 文化は不文律

　憲法や法律と違って、文化的規範は明文化されていない。文化は人から人へ、一つの世代から次の世代へと、明確な形で伝えられるのではない。文化は「知っていて当たり前」の無言の期待である。期待に反した行動をして初めて文化という枠組みを意識する。エピソードのあなたも、アメリカに留学し、おおよそのことは事前に本で読んだり、先輩から話を聞いたりして知っていたつもりでも、人付き合いの方法など、行ってみないと分からない部分で戸惑う。たとえば、日本の大学の留学生の歓迎方法が頭にあったあなたは、アメリカの大学の「冷遇」に驚く。しかし、誰が決めたわけでもないが、アメリカの大学では外国からの留学生も地域に住む学生も同じように扱う、という不文律があって、あなただけを特別に冷たく扱っているわけではない。

　逆にしばらくアメリカにいると、そちらの方が普通になり、日本に帰ってもその習慣が抜けきれない。しかし、いくら自分

が気に入っているからといって、日本社会でも通用すると思っていると痛い目にあう。たとえばアメリカではある程度の年齢の差や、地位の上下には関係なく、ファースト・ネームで呼び合う。この習慣を日本で実行すると、白い眼で見られる。文化には「言われなくても分かっているはず」という圧力がある。

c. 文化は行動・思考の枠組み

「文化」と聞くと音楽、文学、演劇などの芸術、また華道、茶道、書道などの技術や作品を思いつく。人間が才能、知識、経験を生かして精神活動を表現した結果である。これらの文化的産物は目で見ることができる。これに対して、対人コミュニケーションの背景としての文化は目には見えない。見えないが、人間の社会行動の指針となり、社会で認められる行動や、考え方の枠組みを形成するのが文化である。文化はそこに生活する人間の行動、思考の規範の役目を果たす。

初めての海外留学で、外国の空港に到着したあなたは、航空会社の職員の横柄な態度に戸惑う。日本では「お客様は神様」という考え方があり、特に高級なホテルや航空会社では客を大事にする、という不文律がある。それは日本での行動の枠組みであって、外国の文化でも同じとは限らない。法律のように、違反したからといって罰せられることはないにしても、枠組みを破るような行動を続けると、その文化での生活が困難になる。一度にすべての文化的規範は習得できないが、少しずつ、試行錯誤しながら異文化での行動様式を学ぶように心がけたい。

d.「異文化」は外国とは限らない

慣れ親しんだ環境を離れて異文化を経験するのは外国である場合が多い。島国である日本で生活する私たちが、「異文化＝外国」と考えるのも無理はない。しかし、同じ日本でも東北と九州では気候条件も異なり、その結果食生活、衣類、住宅の特徴も異なる。一方では当たり前のことが他方では非常識であることも少なくない。方言をはじめ、人間関係に対する考え方も違

い、国内でも異文化が体験できる。

　同様に、年代、性、職業によっても文化的な背景に差が生じる。たとえば、男女間の人間関係も一種の異文化コミュニケーションと考えることができる。男性（女性）にとって当たり前のことを女性（男性）に言ったり、行なったりするとセクハラに発展するかもしれない。これも異文化コミュニケーションのプロセスにおける一種のカルチャー・ショックである。

　このように、異文化コミュニケーション・コンピテンスの習得、向上を目指すのは、留学や海外赴任に備えるためだけではない。日々の対人関係のプロセスでも生かすことのできる能力を、異文化コミュニケーションの角度から考えることによって習得できる。

2　異文化適応のパターン

　異文化に適応するとはどのような状態を指すのだろうか？長い時間をかけて学習し、行動、考え方の枠組みとして慣れ親しんできた自分の文化とは異なる文化に適応するには、個人的資質、心構え、スキルを必要とする。中でも、相手の文化に対する敬意と、自分の文化に対する敬意をそれぞれどの程度備えているか、ということによっていくつかの異文化適応パターンがある。

▼図10−1　異文化適応パターン

ホスト・カルチャーへの適応

	高い	低い
ホーム・カルチャーへの適応　高い	多元的適応 マルチ・カルチャー人	一元的適応 異文化嫌い
ホーム・カルチャーへの適応　低い	一元的適応 極端な外国好き	文化的ニヒリズム 価値観の混乱

a. 多元的適応型

　これら4つのパターンのうち、最も理想とされる異文化適応のパターンは、相手文化、自分の文化両方に対する敬意の念が強い、多元的適応である。異文化に適応するということは、相手の文化を理解、尊重するのと同時に、自分の文化に対する敬意も保ち続けることである。たとえば、外国語を使う高い能力を習得し、同時に母語もしっかりと使え、状況に応じて、ことば、非言語行動パターンなどを切り替えながら、複数の文化で自分を発揮することを可能にするコード・スイッチングという能力を身につけておく必要がある。しかし、自分の文化を保持しながら異文化を受け入れるのは簡単ではない。多くの時間と、試行錯誤、忍耐力、冷静な判断力を必要とする。一度だけの、しかも一年間の留学程度で複数の文化を兼ね備えた人間になることは難しい。どのような過程を経て多元的適応ができるようになるかは、異文化コミュニケーション・コンピテンスの程度に強く影響される。

b. 極端な異文化嗜好型

　異文化適応といえば、相手の文化を取り入れることだけを中

心に考えがちだが、自分の文化を捨ててしまって、異文化と入れ替えてしまうと、その文化に対する適応はある程度できても、自分の文化に戻ることができなくなってしまう。エピソードのあなたも、今後アメリカの大学に慣れてくるにつれて、英語も上達し、友達もでき、少しずつ快適な留学生活を送れるようになる。そうなると、今度は今まで「常識」だと思っていた日本文化での人間関係のしがらみや、堅苦しさなどに対して否定的な態度を持つようになる。さらには、自分が日本人であることを否定することさえある。極端な異文化好きパターンは偏った適応といえる。

c. 異文化回避型

　最初から異文化を極端に恐れて避ける、「異文化嫌い」も問題の一元的行動パターンである。自分が慣れ親しんだ習慣、思考、行動様式などと異なる文化に触れる前から、「自分にはどうせ合わないだろう」とか、「そんな変なやり方ではうまくいきっこない」と決めてかかる。このような食べず嫌いでは、これまでには経験したことのない、素晴しい世界に出会うチャンスを放棄することになる。留学までしようというあなたはこの型には当てはまらない確率が高い。しかし、頻繁に海外旅行に出かける、というだけで異文化適応に積極的かというと必ずしもそうではない。たとえば、パックツアーで海外旅行する人たちは、日本人の添乗員にすべてを任せ、食事は日本食、宿泊するホテルにも日本語を話すスタッフがいる、という状態だと、常に日本文化に包まれて生活することになる。このような旅行に参加する人たちは、意外と異文化嫌いなのかも知れない。

d. 文化拒絶型

　最も問題の多い不適応パターンが文化拒絶型で、文化ニヒリズムと呼ばれる。人間のシンボル活動によって生み出された文化そのものを否定する行動である。日本語で「ニヒル」というと、苦み走った、渋い、かっこいい人を思わせるが、虚無主義

と訳されるこのことばは決してプラスの意味で使われることはない。人は一人では生きられないのに、周囲の人間的なものをすべて否定するような人は、異文化ではもちろん、自分の文化でも人間関係を築くことはままならない。

3 異文化適応のプロセス：カルチャー・ショックを利用する

「国際人」はどのような能力、経験、資質を備えている必要があるのか。コミュニケーションの観点からすると、これまでに述べてきた、異文化に対して多元的対応ができる人のことを国際人、あるいは「多文化人」と考えてもよさそうである。

しかし、どのような経緯で多文化人へと成長できるのか、という問題になると、答は簡単には見つからない。生まれ育った環境、性格などによってもそのプロセスは影響を受ける。いずれにせよ、いきなり多文化人間を目指すことは困難である。エピソードに登場したあなたのように、語学力をはじめとする異文化理解、異文化対応に必要な能力を習得し、さらに両文化の架け橋のような存在になることを夢見ても、最初の留学でそれを完了させることはそれこそ夢である。最初に期待していたこととはかけ離れた現実が待ち受け、最悪の場合現実に対処することができずに心身に異常をきたし、渡航早々母国に引き揚げる、といったことにもなりかねない。

同じ国でも異なる地域への移動、進学、転職、男女の付き合い、さらには年代が異なる人とのコミュニケーションにおいては、あまりにも予期しなかった現実にショックを受けることもある。「カルチャー・ショック」ということばは、海外の文化に接する際使われることが多いが、その他の対人コミュニケーションの状況においても経験する。今まで慣れ親しんできた「常識」が急に覆され、それに対応しなくてはならない、という状況では衝撃、不安を感じる。だとすれば、カルチャー・ショックの本質を理解した上で、対応策を講じることによって、異文

化対応を可能にし、さらに自己成長に結びつけることを考えた方が得策だといえる。

a. カルチャー・ショックのプロセス

「ショック」というと、一瞬の出来事のような印象を与えるが、カルチャー・ショックは、図１０－２に見られるように、ひとつのプロセスである。たとえば、海外留学の場合、カルチャー・ショックの伏線は新しい文化に接する前の「期待・不安」期に始まる。留学することが決まって出発までの準備期間、もちろん留学に対する期待で胸はときめく。しかし同時にその期待と同じくらい、場合によってはそれよりも大きい不安も感じる。留学を希望し、みずから決断してアメリカに行ったあなただが、実際の渡航までには紆余曲折あって、その間さまざまな期待感と不安感とが錯綜する。

▼図10−2　カルチャー・ショックのプロセス

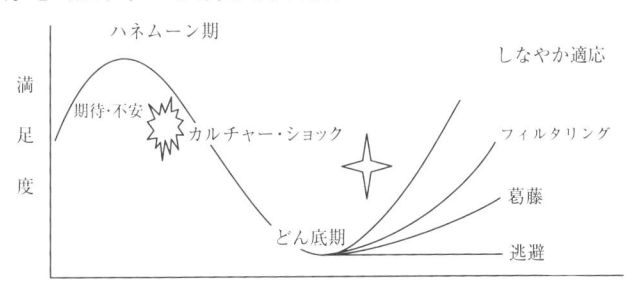

（縦軸：満足度、横軸：時間の経過。ハネムーン期、期待・不安、カルチャー・ショック、どん底期、しなやか適応、フィルタリング、葛藤、逃避）

次の「ハネムーン期」はまさに新婚ほやほやの時のように、すべてがバラ色に感じられる。留学前にもっていた不安も、周囲の人たちのやさしい気持ちによって吹き飛ばされる。アメリカに来たあなたも、夢にまで見た留学が現実のものになったという達成感が勝って、周囲で起こることを楽観視する。留学生センターのようなところに出向いていけば、いろいろと親切に教えてくれる。キャンパスですれ違う同年代の学生も、"Hi!"とにっこり笑って声をかけてくれる。「来てよかった」という気

持ちになる。

　しかし、「新婚」の時期は永遠には続かない。ハネムーン期の長さは個人的な要因や、環境などによって異なる。すべてがバラ色に見える時期を過ぎると、自分が置かれている状況の厳しい現実に直面する。たとえば、寮でできた友人から、「英語が上手だね」とほめられる。ある程度自信はあったものの、あまりにも早口で理解できないスラングなどを多用されて自信を失いかけていた頃そんなことを言われると天にも昇るような気持ちになる。でも、その友人のほめ言葉は社交辞令である場合も多い。翌日授業に出てみるとやはり先生の英語を聞き取り、同時にノートを取るということがとてつもなく難しいことであることを再確認する。このような経験ひとつずつを「カルチャー・ショック」と呼ぶ。

　どのような文化に遭遇しても、大なり小なりカルチャー・ショックを味わう。問題は、ショックを受け、異文化適応においてどん底の状態まで陥ったあと、どのような考え方、行動でそれに対処するかということである。異文化コミュニケーション・コンピテンスを習得することによって、カルチャー・ショックをプラスの経験への糧とすることができる。

b. カルチャー・ショックの特徴
　カルチャー・ショックを受けるのは当然の成り行きである。しかし、ある程度のショックは自然なもの、さらには心地よいものとして受け入れられるが、度を超したり、心の支えとなるような人もいない状態が続いたりして、不安や不満が鬱積すると好ましくない結果に陥ることもある。そこで、カルチャー・ショックを受けた際、どのような特徴が現われるのか、ということを知っておくこともコンピテンスの一部である。

（１）自分の健康、周囲の衛生に対する心配
　初めて訪れた場所、特に環境が異なる外国では、「水は飲める

のだろうか」、「食べ物は口に合うだろうか」、「病気になったら自分に合う薬が手に入るのだろうか」など、まず生活に直接かかわる部分に対する不安が生じる。マズローの要求階層理論にもあったように、人間の基本的レベルでの欲求が満たされなかったり、不安を感じたりすると、それより上の高等な欲求を満たそうという余裕は期待できない。基本的欲求なので、不安を感じることはある程度仕方のないことだが、過度な心配はその文化に適応し、そこの人たちと有意義な人間関係を営むことが難しくなる。

（2）だまされたり、襲われたりするのではないかという不安

ことばがうまく通じない、非言語コミュニケーションがいまひとつだと、相手が何を考えているのかを正確に知ることができない。約束、交渉、説得などのパターンが異なると、知らず知らずのうちに相手のペースに巻き込まれ、自分が不利な結果になるのでは、と心配になり、最初から相手を疑ってかかってしまう。相手に対する不信感が強い状態ではしっかりした対人関係は望めない。また、留学前に見ていた映画やテレビ番組、新聞報道などで、「アメリカはみんなピストルを持っていて、危険な国」などというステレオタイプを持っていると、町を歩くすべての人が自分を襲うのではないかという猜疑心さえ感じることもある。このような状態に陥ると、異文化適応はたいへん困難になる。

（3）無力感、絶望感

留学前にことば、マナー、社会的風習など、できるだけ自分なりに準備をしてきたつもりである。しかし、言語は、テキストを使って教室の中だけで身につくものではない。現地に行くと、ある程度自信をもっていたコミュニケーション・スキルが全然通用しないこともある。空港、お店、レストラン、大学のキャンパスで現地の人が話す英語が聞き取れない、理解できないという現実に遭遇して落胆する。こうなると、自信をなくし、

将来に対して絶望することさえある。この状態が続くと、自己防衛の本能が働き、「私の英語がいつまでもうまくならないのは日本での語学教育に問題がある」とか、「もっとゆっくり話してくれないと分かるわけない」など、問題を周囲に転嫁する。現実を直視しないで、逃避することはカルチャー・ショックをプラスの経験として捉えることと正反対の行動である。

(4) ホームシック

　残してきた家族、友人などのことを思ってセンチメンタルな気分になり、早く帰りたいと思うのもカルチャー・ショックの兆候である。外国に行って、「白いご飯と、味噌汁の食事をしたい」、「風呂に入りたい」という気持ちになる人は多い。長い間慣れ親しんできた生活のパターンは空気のようなもので、なくなって初めてそのありがたさがわかる。現代はインターネットを使って、情報のやり取りをすることが容易である。メールによる連絡だけではなく、自分の町の様子を映し出すニュース番組やスポーツ中継の画像を見ることもできる。国際電話もままならなかった時代と比較すると雲泥の差である。しかし、情報が身近になればなるほど、自分がその場所にいないという現実が痛烈に心に迫るものである。情報、通信技術が進歩すればするほど、「近くて遠い故郷」を感じ、いてもたってもいられなくなる。

(5) 周囲への敵対心

　新しい文化、初めての人との出会いが自分の思い通りにならないのは自分の落度ではなく、周囲、相手に問題があると考えることがある。日本のように「一を聞いて十を知る」コミュニケーションが評価される文化から、「一から十まで」のアメリカのようなところに行くと、「この人は私をばかにしているのではないか」と思うようになり、さらに自分の英語力への自信を失う。留学生であるにもかかわらず、試験で1点でも基準に達していなければ、容赦なく成績が落ちたり、単位を修得できなかっ

たりする。どうしてみんなやさしくしてくれないのか、困っている留学生を助けてくれないのか、といった気持ちが高じると、周囲の人間が敵に思えてくる。

（6）自己アイデンティティーの喪失

　自分がだれなのかという自己概念は個人が生活する、社会的、文化的コンテキストで形成される。違った文化で生活するには、今までの自己認識を調整しなくてはならない。調整といっても時差にあわせて時計の針を進めたり、遅らせたりというようなわけにはいかない。もともとの文化での生活が長ければ長いほど、そしてその文化で社会的、経済的に安定した地位を築いていた人ほど新しい文化で新しい自分を発見することが困難である場合が多い。大学教授が海外での長期研究に出かけたり、企業である程度の地位にある人が外国での勤務を命じられたりすると、日本で周囲から認められてきた自己概念が一気になくなり、最初から作り直さなくてはいけないために、大きな心理的負担となる。若い時期から異文化体験をしている人の方が、その分異文化でのアイデンティティーを築きやすい。

c. カルチャー・ショックの対処法

　カルチャー・ショックを受けたときの対応には人によって、あるいは状況によってさまざまなパターンがある。

　異文化に対する不適応のショックから立ち直ることができずに、その文化との接触そのものをやめてしまうのが「逃避」である。異文化での生活や、人間関係でうまくいかない部分を何とか修復しようと努力するかわりに、その関係に終止符を打つ。確かにそのような決定的な対処の仕方が求められる場合や、逃避が効果的であるような状況もあるだろう。しかし、挑戦から逃げるということは自己成長の機会を放棄することでもある。

　「葛藤」は周囲の文化的、社会的環境との闘争、それに自分自身との対立を意味する。これまでに経験したことのない異文化の常識、価値体系、人間関係を取り巻く慣習から征服されそう

になる自分を何とかして守ろうとする動機からくる。自己防衛のためには自分の存在力を高めるのと同時に、相手の弱みを見つけてそこを攻撃するという手段に出る。自分を高めるといっても簡単にはいかないので、当面やはり自文化中心主義的対応によって、相手を拒絶する行動に出る。自分を相手に開いて弱みを握られたり、変に人間関係を作ろうとして失敗することを恐れ、極力自分を外に出さないようにして自己防衛する。

「フィルタリング」は、部分的に相手の文化に自分を合わせ、他の部分では相変わらず自分の殻のなかに閉じこもっている状態である。逃避や葛藤と比べるとかなりの進歩である。少なくとも表面的にはうまく適応し、人間関係を楽しむこともできる。ただし、部分的には適応しているものの、自分の深い部分を脅かされるような接触は避ける。対人関係でも合わせられる範囲内でのみ相手とつきあう。長年海外で駐在員をしているような人も、外見的には完全に適応しているようでも、付き合う相手や、状況などを選択することによって適応している場合が多い。したがって、多文化を統合し、複数の視点から物事が見えるというレベルまではいたっていない場合が多い。

「しなやか適応」が、カルチャー・ショックを受けた際最も理想的な対処方法である。相手に共感しながらも、自分の価値観や、長年培ってきた行動、思考パターンを大きく変えることなく異文化に適応し、さらに相手文化を真に理解しながら受け入れる、つまりマルチ・カルチャー人間になる。このような異文化適応ができるようになるには、相当の時間と経験、試行錯誤が必要だろう。

失敗を恐れずにさまざまな異文化に接し、できる限り多くの文化的、社会的コンテキストのなかで自分のコミュニケーション行動を観察し、いろいろな角度から自分を見つめて、複眼的な自己認識を築く機会を求めていく態度こそが真のマルチ・カルチャー人間、そして豊かな人間関係への一歩である。

d. カルチャー・ショックの効果

異文化適応のための準備を行ない、コミュニケーション・コ

ンピテンスのトレーニングをしていたとしても、カルチャー・ショックは避けられない。だとすれば、それを自分の成長を助けてくれる刺激として前向きに受け入れ、プラス効果を最大限に引き出すことが得策だといえる。カルチャー・ショックにはどのようなプラス効果があるのか考えてみよう。

（1）新しいコミュニケーション能力の習得

　生まれ育ち、慣れ親しんだ文化を離れ、異文化に行ってまず気がつくのがコミュニケーションの方法の違いである。特に外国の場合、私たちの母語である日本語が使われていることはない。その国で生活をするには、そこで使われている言語を使う能力が求められる。しかし、外国語運用能力の習得といっても、文法、単語などの知識だけではコミュニケーションはできない。

　それぞれの文化には独特な風習、規範などがあり、それらを身につけなくては友人を作り、隣人と良好な関係を築くのは難しい。遠慮、察し、思いやりなどは日本文化ならではの価値観で、それが当たり前だと思って海外に行くとショックを受ける。しかしショックを受けることによって、初めて新たなコミュニケーションの方法を学ぼうという動機を覚え、努力を始めることができる。

（2）新しい経験、刺激を受け入れる柔軟性の向上

　あなたは、これまで両親の元で不自由なく生活してきた。長い間生活するうちに、日本文化の習慣、風習などが当たり前のものと感じられるようになる。異文化に行って初めてこれまでには味わったこともない食べ物を口にしたり、人間関係でも日本の「一を聞いて十を知る」コミュニケーションのパターンではなく、ひとつひとつ細やかに、多くのことばを使って伝えなくてはいけない状況に直面したりすると、今まで当たり前だった習慣が他の文化では通用しないことに気がつく。

　そこでショックを受けるが、同時にそれを機会に世界には自分が唯一と思ってきた行動、思考様式以外に違った文化がある

ことを知る。最初は自分の文化と違っている点がひとつひとつ面倒に思え、自分の日本的な部分を守ろうとする防衛反応を示すが、いつまでもそれでは異文化で生活できないことを認識する。となれば、アメリカの大学に留学している間に英語によるコミュニケーションを学び、アメリカの文化を吸収しようとする。カルチャー・ショックはこのようなきっかけを作ってくれる貴重な突破口である。

（3）新しい自分の発見
　あなたは初めて一人暮らしをしながら大学に通う。違った環境に身を置くことによって、自分をこれまでにない角度から観察できる。日本語を話すときの自分と、英語を使ってコミュニケーションをするときとでは、同じことを違ったことばで表しているだけ、と考えがちだが、実はそうではない。日本語と他のことばを操って人間関係を築こうとする場合、それぞれに求められるコミュニケーション・コンピテンスは異なるので、人間関係そのものが異なる。

　となると、日本的なコミュニケーションの感覚で、単に言語を英語に切り替えて自分を表現する、という考え方を改めて、異なる言語では違った自分を表現している、と認識する必要がある。たとえば、英語がある程度自由に使えるようになると、それまでは控えめな性格だったあなたも、英語で話をする際は積極的、あるいは大胆な自己表現、自己主張をしていることに気がつくだろう。また、英語を使って話をする際の自分の様子を鏡や、ビデオに映して観察してみると、それまでの自分とは何となく顔の表情、姿勢、口調なども違っていることに気づく。今まで知らなかった自分を見つけることもカルチャー・ショックによる「産物」といえる。

（4）困難な状況への適応
　日本人の危機管理能力が劣っていると言われることが多い。

他の国に比べれば文化的にも、民族的にも均一性が高い日本では、人間関係の緊張感は低いかもしれない。また、「個」の感覚が薄いためか、自己責任の意識も弱い。そのような日本では、予期しなかった出来事が発生した際、何をどのようにすれば困難な状況に対応できるか分からずに、あわてることが多い。そのような意識を持っている人にとって、カルチャー・ショックは自己アイデンティティーまでも揺るがす危機的な状況にもなりかねない。

しかし、危機管理能力の習得といってもそう簡単にできることではない。日頃からいろいろな状況を仮想し、それぞれの状況で自分がどのような行動を取ればいいのか、シミュレーションをしておくのもシンボル能力である。適度なカルチャー・ショックはそのような能力の重要性を実感させてくれる。外国に留学すると、日本では予想もできない状況に遭遇することがあるが、それらのことによってその国に対する否定的な評価をしたり、また敵対心を強めたりするよりも、貴重な学習の機会と考えればカルチャー・ショックを楽しむことができる。

（5）予期しない状況から新しい知識を得る

限られた経験しかないのに、心の中で作り上げる「アメリカ人は…である」といった認識をステレオタイプと呼ぶ。過度なステレオタイプを持ち、異文化に接することはコンピテンスが高いコミュニケーションとは言えないかも知れないが、シンボルを使う人間である以上、ステレオタイプを持つことは避けられない。また、実際に異文化に接する前に何らかのステレオタイプを持っているからこそ、新しいものと接した際に認識を整理することができる。

カルチャー・ショックとは自分が持っていたステレオタイプや固定観念を揺るがす経験である。予想しなかったこと、驚くような経験をして初めて新たな情報、知識を身につけられる。ただし、極度に強い固定観念を持っていると、すべての刺激にフィルターをかけて接するようなものである。カルチャー・シ

ョックを受けて、新しい情報、知識を習得するには、やわらかい認識力、柔軟性に富んだコミュニケーション能力が必要である。

(6) 世の中の出来事を複数の視点から見る

　同じ文化でずっと生活すると、世界を見る視点は固定される。海外で事故が起こると、「日本人が巻き込まれたという情報はない」という、「まず日本ありき」のような報道がされることが多い。確かに大事な情報なのかもしれないが、世の中は自分を中心に回っているのではない。

　留学や海外勤務の最大の収穫は、日本を外から見ることができたこと、と語る人は多い。カルチャー・ショックが引き金となって、日本からの視点だけではなく、世の中にはさまざまなものの見方があることを経験し、確認することができる。留学中のあなたも、現地の学生や教員、地域の人たちとのコミュニケーションを通じて、さまざまなものの見方を体験する機会に恵まれている。コミュニケーション・コンピテンス、特にリスニング・コンピテンスを高めることによって多くの新鮮な視点が体験できる。

4 逆カルチャー・ショック：日本文化、日本的コミュニケーションの特徴

　カルチャー・ショックは異文化に接する際、自分の文化とは異なる考え方、行動パターンを理解し、それに適応しようとするときに起こる。しかし、異文化理解と、適応の裏には、自分の文化を抑制しようとする動きが隠れている。自文化を押し殺し、異文化と入れ替えてしまうと、それなりの適応は可能かもしれないが、その分自分の文化に再適応することが困難になってしまう。

　エピソードのあなたも、苦労を重ねて英語のコミュニケーシ

ョン能力を身につけ、アメリカの学生や先生とも関係を築き、留学の成果に満足して日本に帰る。アメリカに適応した分、日本に帰るのがもったいないという気持ちだが、やはり慣れ親しんだ故郷に帰るのは嬉しい。ところが、留学期間中多くの新しい経験を通して一回り成長したと自負しているあなたを待ち受けているのは、温かい歓迎ばかりではない。

　生活のペース、たとえば時間に対する考え方、ものの価値観、さらには会話をするときの自分と相手との距離、視線の使い方などのノンバーバル・コミュニケーションから、会話の内容、ことばづかい、自己開示の内容や程度など、慣れ親しんでいたはずの日本的人間関係に戸惑いを感じる。以前は親しく付き合っていた友人との関係がぎくしゃくしたり、疎外感を感じたり、自分のアイデンティティーを確認する場がないと感じたり、まるで、初めて異文化に行ったときと同じ経験をすることも珍しくない。これらはすべて逆カルチャー・ショックと呼ばれる再適応の問題の表われである。

　せっかく留学や海外勤務などの経験を積み、それを日本で発揮しようと張り切って帰国しても、自分の能力や経験が生かされず、そればかりか周囲から疎外されているような感覚に襲われ、ついには日本社会に復帰することをあきらめて、この前までいた異文化に逆戻りする、「Uターン現象」も見られる。もちろん、アメリカに一年だけ留学したあなたが、日米両方の文化を身につけ、両国の文化の懸け橋などになれることは期待できない。しかし、若い間にしか得られない体験を通して習得した認識力、適応力、柔軟性などの能力を含めたコミュニケーション・コンピテンスは、活かし方によっては社会への貢献が期待できるはずである。そのような有能な人材が再び海外に戻っていくのは、頭脳流出でもある。

　このような逆カルチャー・ショックはどの文化に戻っても経験することである。異文化への適応の際のカルチャー・ショック、自文化に復帰する際の逆カルチャー・ショックを重ねて経験し、それぞれにうまく対応できると、複合文化を兼ね備えた

国際人へと成長する。とは言ったものの、島国である日本に再適応するには、他の文化とはいく分異なるコミュニケーション・コンピテンスを備えておく必要がある。日本固有とまではいかなくても、日本的コミュニケーションの特徴について客観的な知識を持っておくことは、再適応を円滑にし、逆カルチャー・ショックをプラスの経験として受け止めるのに必要である。

a.「出るくいは打たれる」的異質馴化型

「個」の時代が到来したといわれるが、長年日本文化で培われてきた集団主義思考や行動パターンは今でも残っている。集団や組織内では、全体と違った考え方を押し通したり、周囲が考えていることを無視して自分の意見を述べたりする行為は歓迎されない。多くの人種、宗教、言語が交じり合ってできている欧米文化では、個人がそれぞれ違った考え方を持っている、という発想から出発しているので、人と違った意見を持っていることは当然のこととして受け入れられる。英語で会話をすると、「あなたはどう思う？」と尋ねられることが多い。そこで堂々と自分の信念を率直に、明確に述べられるのがコミュニケーション・コンピテンスである。一人ひとりが違った意見を述べ合いながら、ときには議論を闘わせることによってコンセンサスを叩き上げていく。

日本人同士のコミュニケーションでは、「皆さんのお考えにお任せします」とか、「基本的には合意する」といった意見を述べることによって全体の和を保とうとするのがコンピテンスである。少なくとも表面的には全体の意見と同調することを示す方が安全なのである。つまり、他と異なった考え方、行動パターンを持っていることは、歓迎されないことが多い。

このような文化的土壌があると、留学や、海外勤務で身につけた能力、経験、それにコミュニケーション行動はユニークな貢献の潜在性があるとみなされるのと同時に、全体の足並みを乱す危険性を含んでいるとも考えられる。また、年齢の上下による序列を気にする日本では、「若いくせに…」ということばが

よく聞かれる。年下の者が自分よりも優れた才能や経験を持つことをおもしろく思わない。まさに、出るくいは打たれる、である。

　文化に優劣をつけることはできない。伝統的に培われてきた日本的な、集団を大事にする考え方を頭から否定することにも意味はない。自分の意見を積極的に述べる、欧米のコミュニケーション・コンピテンスを習得した者にとって、周囲の顔色をうかがいながら意見を述べるか、控えるか判断する能力が求められる日本的コミュニケーションは耐え難い。しかし、状況、自分の立場、相手との人間関係などを考慮し、認識コンピテンス、ゴール・コンピテンスを駆使して適切な行動をすると、多元的対応ができる。

b. あいまいな言語・非言語コミュニケーション

　自分の考え方を即座に、明確にするのは日本的ではない。自分が思っていることを控えめ、あいまいな表現方法で相手に伝える方法が日本人同士のコミュニケーションで用いられることが多い。また、あいまいな表現、余韻を持たせた自己表現ができることをコンピテンスと考えてきた。「察し」、「行間を読む」、「一を聞いて十を知る」、「気を利かす」といった行動はすべて日本的コミュニケーション・コンピテンスである。

　相手に伝えたい内容を多くのことばや明確な非言語メッセージを使って表現する方法が低コンテキスト・コミュニケーションである。言いたいことをひとつひとつ、はっきりと表現し、相手の憶測や判断によって自分が伝えたい内容が勝手に解釈される可能性を低くする、欧米に多く見られるパターンである。これに対して日本的な高コンテキスト・コミュニケーションは「言わなくてもわかってもらえる」という考え方から出発している。相手との関係、物理的、社会的状況（コンテキスト）が発するメッセージに依存している。解釈の仕方によってはどのようにも読み取れる一つのメッセージを、それぞれの状況で適切に理解し、行動するのが日本的コンピテンスである。

低コンテキスト文化で生活してきた者が、高コンテキストに適応するのは容易ではない。アメリカで生活すると、店員とのやり取り、友人とのつき合い、先生からの指示など、「言わないと分かってもらえない」という考え方から出発している。この考え方に慣れると、「言われなくても分かる」のが成熟した、責任ある大人という考え方の日本に適応することが難しいことは容易に想像できる。会社などで全部言わないとわからないと、「察しが悪い」とか、「気が利かない」と評価される。
　高コンテキストと低コンテキスト、どちらが優れているかという問題ではない。どちらもそれぞれの文化で大切にされてきたコミュニケーションのパターンである。状況、相手との関係などに応じて、使い分けることが国際人のコンピテンスである。

c. 表と裏の使い分け

　思っていることを全部、はっきりと表現すると相手を傷つけてしまうかもしれない。相手との関係を築くことによって自分の立場を確立しようとする、「相互依存的自己観」が強い人が多いと考えられる日本では、相手を傷つけない、自分の立場を悪くしない、と考える傾向が特に強い。メンツを大切にするのである。
　この考え方が強いと、コミュニケーションはどうなるか。思っていることを全部は出さない、あるいは思っていることとは別のことを表現する、つまり表と裏を使い分けることが多い。このようなコミュニケーションは、欧米の文化では不誠実、欺瞞と考えられるが、日本では人間関係を円滑にする重要なスキルである。本音と建前を上手に使い分けることができ、同時に相手の真意はすべて言われなくても適切に察することができるのが日本的コンピテンスとされている。
　しかし、他の特色と同様、欧米のはっきり型コミュニケーションに慣れた者にとっては、日本の表と裏の使い分けは再適応の障害の一つである。断定的な表現をする英語コミュニケーションと比べると、日本語の表現はどうしても歯切れ悪く聞こえ

る。たとえば、レストランでは、「こちらが本日のおすすめになります」と言って料理を持って来る。慣れないと、たいへん奇妙な表現に聞こえる。「なります」ということは、厳密に言えば、今はそうではない、ということを示す。「いつなるのか」と尋ねたくなる。

　相手との摩擦や衝突を極力避け、自分と相手との意見の相違が表面化しないようにすることを第一と考える日本人同士の人間関係では、このように「余計なことば」を使い、自分の考え方が相手の心に突き刺さるようなことがないよう努める。同様にメッセージの受け手もそれを考慮に入れて、適切な反応をすることが大切である。

d. 自文化中心主義─日本文化特殊論

　日本人として生まれないと、日本を知ることはできない。果たしてそうだろうか。わび・さび、粋（いき）、甘え、察し、などの日本の心は、日本で生まれた純粋な日本人にしか理解できないと考えられてきた。しかし、文化は学習するもの、と考えると、欧米の白人、アフリカ系、あるいはラテン系の血であれ、どのような人も後天的に日本文化を自分のものにできるはずである。

　どの文化にも、「自分たちは特別で、この文化を理解するには特殊な遺伝子と才能が必要である」と考える「自文化中心主義」思考がある。自分の文化を特別なものと考えるまではいいが、他の文化と比べて優れていると考えると、偏見や差別的思考パターンの元となって異文化理解、異文化適応はできなくなる。

　島国であり、世界中どこを探しても日本語を使う国がない、文化の均一性が高いことなど確かに日本にはユニークな特徴がある。人からどのように見られているのか特に気にする日本人だからこそ、近年多くの「日本人論」が内外の学者やジャーナリストから発表されるたびに一喜一憂する、というのも他の国にはあまり見られない傾向かもしれない。日本人は自分たちを特別の人種、文化と考えたい気持ちが少し強いようである。個

人の特長より肩書きや出生の背景を大切にする傾向が強い日本文化では、よそから来たものを自分たちの一人として受け入れることには抵抗がある。

たった一年間の留学でも、「普通の」日本人とは異なる立ち居振る舞いをするようになったあなたを、以前とは違った見方をするのは当然である。日本文化の「出るくいは打たれる」という考え方にしたがって、自分を周囲と合わせようという努力をし、認めてもらえれば「ウチ」の人間として受け入れられる。逆に顔や容姿は日本人でも、自分は異文化を吸収してきた人間で、周りとは違うという態度を取り続けると「変な人」という判断をされて日本社会からはじき出されてしまうかもしれない。

異文化で身につけてきた知識、能力、経験と同様に、自分が生まれ育った文化で認められるコミュニケーションのコンピテンスは大切にしたい。異文化で生活する前までは、自分の文化が唯一と考え、それが特別で、さらに他の文化に優っているとさえ思ってきた。しかし、異文化で生活することによって、自分の文化も世界の多数の文化の一つに過ぎない、どちらが優れているかという問題ではない、ということに気づく。そのような認識を育てることも異文化コミュニケーション・コンピテンスである。

5 異文化間コミュニケーション・コンピテンス

アメリカに留学し、異文化理解、異文化適応を通して語学力をはじめ、自分の能力を伸ばしたいあなただが、予想していたことと現実とは必ずしも一致しない。カルチャー・ショックを受け、これからの留学生活にも不安を抱いている。しかし、カルチャー・ショックは自分をさらに成長させてくれる潜在的な可能性も持っている。避ける努力をするより、異文化コミュニケーション・コンピテンスの習得への動機を植えつけてくれる機会と考えたい。

異文化を理解し、適応するには具体的にどのようなコンピテンスが必要なのか。さらに、異文化での生活をうまくこなし、自分の文化に戻った際、逆カルチャー・ショックを利用してさらに多元的な対応を可能にしてくれるような人間関係能力にはどのようなことがあげられるのか、考えてみたい。

a. 観察力

　自分が常識と考えてきたことと異なる行動、考え方と接したら、驚き、不安、怒り、などの感情的な反応をするのはごく当たり前である。しかし、歴史、地理、宗教などさまざまな点で異なる文化で生活すると、自分ではこれまでにまったく経験したことのない、また予想もしなかった現実に直面する。その際、感情的な反応を抑えて、じっくりと観察する能力が役に立つ。見る、聞く、触れる、匂う、味わう、の五感を使い、わからないことがあったらその文化に住む人に尋ね、まずは現実を観察することが大切である。認識コンピテンスがものをいう。

b. 共感力

　どの文化にも固有の考え方、行動の仕方があり、現地の人たちはそれらを長い間守り続けてきた。時間の無駄で、意味のない行為に思えることもたくさんある。たとえば、アメリカ人家庭での夕食時のコミュニケーションは日本とは異なることがたくさんある。自分で届きそうなのに、塩やこしょうを隣の人にとってもらう。食事中は会話が盛んである。あなたにも次から次へと質問が浴びせられる。日本では、話は後で、今は食事の時間、と考えることが多いので、2時間近くに渡ってテーブルを囲んで座っているのが苦痛になる。そこで重要なのが、いやな顔を見せずに、相手の立場に立ってこの状況を考え、彼らが長年培ってきた考え方、行動パターンにまずは敬意を示すことである。

c. 判断留保力

　相手の行動を観察し、相手の立場に立って考え、一応の敬意

を示す、という一連の行動は、相手の文化の価値判断を控えることにつながる。日本文化、アメリカ文化という大ざっぱな分類の仕方にも問題があるが、どちらの文化がまさっている、劣っているという価値判断は避けなければいけない。確かに、一分一秒を大切にする日本の都会からアメリカの片田舎に移り住むと、人々ののんびりした行動を見てイライラする。異文化適応の壁を感じると、それらの行動を見て、「アメリカの文化は遅れている」という判断をしがちである。しかし、文化にはそれぞれ特有のパターンがあり、それらを外からの訪問者が見て優劣の判断をすることは異文化を理解し、適応するプロセスの助けとはならない。

d. 柔軟性

長い間培ってきた価値観、人生観、態度などが脅かされるのは気分のいいものではないが、異文化で生活するということは、今まで唯一と信じてきた考え方がそうではないかもしれない、と認めることである。自分の文化が世界で一般的、常識的と考えて臨むと異文化適応はうまくいかない。人間がシンボル活動を積み重ねて作り上げた文化なのだから、どの文化が真実に近いか、と探ること自体意味のないことである。だとすれば、違った考え方、行動のパターンに出会ったら、「こんなやり方もあったんだ」と柔軟な認識をすることが大切である。また、日本文化について尋ねられても、断定的な説明は避け、あくまでも自分の意見として述べるというコミュニケーションの方法を大切にしたい。

e. 忍耐力

日本では古くから、壁に当たっても闘志、根性、初志貫徹といったことばで表される忍耐力を大切にしてきた。もちろん、留学や海外勤務などで、少しの問題があったからといってすぐに本国に帰るようでは責任を果たすことができない。ここで言う忍耐力とは、異文化で理解できないこと、不明瞭なことがあ

っても、結論を急いだり、優劣の判断をしないで、「ま、いいか」といった気持ちで臨むことを意味している。分からないことをいつまでも放っておいてはいけないが、どの文化にもどんな意味があるのか自分たちでも理解していない儀式的な行為がある。それらの行動について、「どうして」と常に疑問を持つのは構わないが、分からないからといって不快感をあらわにすると異文化理解・適応が困難になる。

f. 対人関係能力

　日本とアメリカでは人間関係に対する考え方が異なる。自己観と呼ばれる「個」の考え方が違っているので、自分と相手との関係に対して持つ意識が異なるのは当然である。だが、初めて会った人に対してあいさつをし、スモール・トークを通して少しずつ会話を前に進める、というコミュニケーションを大切にする気持ちには大きな違いはない。言語の違いや、表現方法の種類による変化はあっても、微笑や顔の表情を媒介として人間関係を探り合おうという考え方には大きな違いはない。だとすれば、最小限の会話をして、相手との関係を維持する能力は異文化だけではなく、どのような状況でも不可欠である。具体的には、あいさつをしたり、聞かれたことには返事をしたり、相手の話を真剣に聞いたりといった会話能力である。

g. 適正な自己理解

　自分を知るということは永遠の課題で、私たちは生きている間中直面している。異文化で生活をすると、これまで持ち続けた自己アイデンティティーが揺るがされたり、自信を失わされたりするような状況に直面することが多い。留学前に持っていた夢や理想も、実際に大学に通い始めるとそれがいかに非現実的なものだったのか、ということを思い知らされる。しかし、そのような状況に直面しても、逃避する代わりにゴールを見直し、軌道修正するほうが、実り多い結果になることは言うまでもない。自分の能力をよく知り、現実的なゴール設定するのと

同時に、そのゴールが達成できないということがわかったら、できるだけ早く目標を見直し、軌道修正し、新たなゴールの達成方法を検討することが必要である。ゴール・コンピテンス、認識コンピテンスが役に立つ。

Review Exercise

1. あなた自身の「文化」の特徴を考えてみましょう。子どもの頃から、あまり深く考えることなく繰り返してきた行動、口にしてきた食べ物、おもしろいと感じてきた物語、などにはどのような「意味」があるのでしょうか。またそれらの文化の産物が人との関わり合いにどのような影響を与えてきたのか、振り返ってみましょう。

2. 外国旅行、引越し、転校、転職、進学、結婚、恋愛・失恋など、新しい文化的環境に接したとき、あなたはどのような反応をしたか振り返ってみましょう。カルチャー・ショックを感じましたか。感じたとしたら、どのような反応をしたか、その経験から学んだことがあるとすればどのようなことだったでしょうか。また、カルチャー・ショックを通じて出会った新しい自分がいるとしたら、それはどのような自分だったか、考えてみましょう。

宮原　哲　みやはら・あきら

1955年、福岡県生まれ。西南学院大学教授。78年、西南学院大学文学部外国語学科卒業。83年、ペンシルベニア州立大学大学院、スピーチ・コミュニケーション学科修了。博士号取得。ウェスト・チェスター大学講師を経て現職。96年、フルブライト研究員。著書に「コミュニケーション最前線」（松柏社）、「コミュニケーション哲学」（西日本新聞社）、など。

新版 入門コミュニケーション論

宮原　哲 著

Copyright © 2006 by Akira Miyahara

2006年5月15日　第一刷発行
2022年4月1日　第九刷発行

発行者　森　信久
発行所　株式会社　松柏社
〒102-0072　東京都千代田区飯田橋1-6-1
TEL. 03-3230-4813（代表）　FAX. 03-3230-4857

装幀　小島トシノブ（Non Design）
組版　木野内宏行（ALIUS）
印刷・製本　倉敷印刷株式会社

定価はカバーに表示してあります。
本書を無断で複写・複製することを固く禁じます。
落丁・乱丁本は送料小社負担にてお取り替えいたしますので、ご返送ください。

ISBN978-4-7754-0115-6
Printed in Japan

JPCA　本書は日本出版著作権協会（JPCA）が委託管理する著作物です
複写（コピー）・複製、その他著作物の利用については、事前にJPCA（電話03-3812-9424、e-mail:info@e-jpca.com）の許諾を得て下さい。なお、
日本出版著作権協会　無断でコピー・スキャン・デジタル化等の複製をすることは著作権法上
http://www.e-jpca.com/　の例外を除き、著作権法違反となります。

◇松柏社の本◇

現代日本人の人間関係を
根本から建て直す！！

日本人の「希薄な人間関係」について欧米の理論を日本流にアレンジして分析し、人間のシンボル活動としての対人コミュニケーションを数々の側面から観察、評価するための考え方をわかりやすく紹介する。

コミュニケーション最前線

宮原 哲 [著]

●A五判●282頁●定価：本体2,500円＋税

http://www.shohakusha.com